essentials

Essentials liefern aktuelles Wissen in konzentrierter Form. Die Essenz dessen, worauf es als „State-of-the-Art" in der gegenwärtigen Fachdiskussion oder in der Praxis ankommt. *Essentials* informieren schnell, unkompliziert und verständlich

- als Einführung in ein aktuelles Thema aus Ihrem Fachgebiet
- als Einstieg in ein für Sie noch unbekanntes Themenfeld
- als Einblick, um zum Thema mitreden zu können

Die Bücher in elektronischer und gedruckter Form bringen das Fachwissen von Springerautor*innen kompakt zur Darstellung. Sie sind besonders für die Nutzung als eBook auf Tablet-PCs, eBook-Readern und Smartphones geeignet. *Essentials* sind Wissensbausteine aus den Wirtschafts-, Sozial- und Geisteswissenschaften, aus Technik und Naturwissenschaften sowie aus Medizin, Psychologie und Gesundheitsberufen. Von renommierten Autor*innen aller Springer-Verlagsmarken.

Andrea Lübken · Matthias Wiemer

KI-Führungskultur und Prozessmanagement

Inklusion und KI

Springer

Andrea Lübken
Waldalgesheim, Deutschland

Dr. Matthias Wiemer
Waldalgesheim, Deutschland

ISSN 2197-6708
essentials
ISBN 978-3-662-72355-5
https://doi.org/10.1007/978-3-662-72356-2

ISSN 2197-6716 (electronic)

ISBN 978-3-662-72356-2 (eBook)

Die Deutsche Nationalbibliothek verzeichnet diese Publikation in der Deutschen Nationalbibliografie; detaillierte bibliografische Daten sind im Internet über https://portal.dnb.de abrufbar.

© Der/die Herausgeber bzw. der/die Autor(en), exklusiv lizenziert an Springer-Verlag GmbH, DE, ein Teil von Springer Nature 2025

Das Werk einschließlich aller seiner Teile ist urheberrechtlich geschützt. Jede Verwertung, die nicht ausdrücklich vom Urheberrechtsgesetz zugelassen ist, bedarf der vorherigen Zustimmung des Verlags. Das gilt insbesondere für Vervielfältigungen, Bearbeitungen, Übersetzungen, Mikroverfilmungen und die Einspeicherung und Verarbeitung in elektronischen Systemen.
Die Wiedergabe von allgemein beschreibenden Bezeichnungen, Marken, Unternehmensnamen etc. in diesem Werk bedeutet nicht, dass diese frei durch jede Person benutzt werden dürfen. Die Berechtigung zur Benutzung unterliegt, auch ohne gesonderten Hinweis hierzu, den Regeln des Markenrechts. Die Rechte des/der jeweiligen Zeicheninhaber*in sind zu beachten.
Der Verlag, die Autor*innen und die Herausgeber*innen gehen davon aus, dass die Angaben und Informationen in diesem Werk zum Zeitpunkt der Veröffentlichung vollständig und korrekt sind. Weder der Verlag noch die Autor*innen oder die Herausgeber*innen übernehmen, ausdrücklich oder implizit, Gewähr für den Inhalt des Werkes, etwaige Fehler oder Äußerungen. Der Verlag bleibt im Hinblick auf geografische Zuordnungen und Gebietsbezeichnungen in veröffentlichten Karten und Institutionsadressen neutral.

Springer ist ein Imprint der eingetragenen Gesellschaft Springer-Verlag GmbH, DE und ist ein Teil von Springer Nature.
Die Anschrift der Gesellschaft ist: Heidelberger Platz 3, 14197 Berlin, Germany

Wenn Sie dieses Produkt entsorgen, geben Sie das Papier bitte zum Recycling.

- Eine fundierte Einführung in die Rolle von Organisationen bei der Gestaltung inklusiver Digitalisierung und der verantwortlichen Nutzung von KI-Systemen.
- Eine differenzierte Analyse struktureller Barrieren, institutioneller Routinen und kultureller Ausschlussmechanismen, die Inklusion in Organisationen erschweren.
- Konkrete Konzepte für partizipative Leitlinien, barrierefreie Prozessgestaltung und die nachhaltige Verankerung von Teilhabe im organisationalen Alltag.
- Praxisnahe Perspektiven auf inklusive Führung, Kulturwandel und die Entwicklung lernender Organisationen im digitalen Wandel.
- Impulse für strategische Umsetzung, Monitoring und sektorübergreifende Zusammenarbeit, um Inklusion dauerhaft als Teil organisationaler Verantwortung zu etablieren.

Interessenkonflikte Die Autor*innen haben keine für den Inhalt dieses Manuskripts relevanten Interessenkonflikte.

Inklusion gelingt nicht allein durch barrierefreie Produkte oder technologische Lösungen, sondern durch die Gestaltung verantwortlicher Strukturen innerhalb von Organisationen. Dieses Essential zeigt, wie Künstliche Intelligenz zum Motor für inklusive Veränderung werden kann, wenn Haltung, Führung, Beteiligung und Prozessgestaltung systematisch zusammengedacht werden. Im Fokus stehen Organisationen als Schlüsselpersonen der digitalen Transformation: Ihre Routinen, Machtverhältnisse und Ausschlussmechanismen ebenso wie ihre Gestaltungsspielräume, Leitlinien und Möglichkeiten zur strukturellen Verankerung von Teilhabe. Die Lesenden erhalten Impulse, wie kultureller Wandel, nachhaltige Umsetzung und soziale Verantwortung im Zusammenspiel mit KI-Technologien gelingen können.

Inhaltsverzeichnis

Über die Autoren

Andrea Lübken hat über 25 Jahre Erfahrung im Gesundheits- und Sozialwesen und ist eine anerkannte Expertin in der Fort- und Weiterbildung von Fachkräften. Sie plant und organisiert Schulungen in den Bereichen Gesundheit und Soziales, die sowohl Teilnehmende mit als auch ohne Seh- oder Hörbeeinträchtigung adressieren. Dabei verbindet sie wirtschaftliches Denken mit praxisnaher Wissensvermittlung.

Als Senior-Lehrtherapeutin leitet Andrea Lübken ein Kurszentrum für die Bobath-Therapie im Bereich der Kindertherapie. Ihre umfangreiche Erfahrung in Neurologie und Pädiatrie fließt in ihre Arbeit ein, insbesondere in der Anwendung und Weiterentwicklung des Bobath-Konzepts. Zusätzlich hat sie eine moderne Kinderpraxis aufgebaut, in der innovative Therapiekonzepte umgesetzt werden.

Ihre akademische Laufbahn umfasst ein Bachelorstudium in Pädagogik und einen Masterabschluss im Gesundheitsmanagement. Seit über 14 Jahren ist sie als Dozentin tätig und vermittelt nicht nur fachliches Know-how, sondern auch ihre Begeisterung für die Arbeit mit Menschen.

Angesichts neuer Technologien wie der KI und der Unterstützten Kommunikation (UK) sieht Andrea Lübken große Chancen für Menschen mit Behinderung. Sie ist überzeugt, dass moderne

Hilfsmittelversorgung und innovative Diagnostik das Bildungs- und Gesundheitswesen nachhaltig verändern können.

Mit ihrer einzigartigen Kombination aus Erfahrung, fundiertem Fachwissen und Offenheit für technologische Entwicklungen hebt Andrea Lübken die Qualität von Therapie und Weiterbildung auf ein neues Niveau.

Dr. Matthias Wiemer hat einen beeindruckenden Weg vom Ingenieur zum Vorstand einer Aktiengesellschaft durchlaufen. In über 30 Jahren Führungsarbeit in mittelständischen Industrieunternehmen und Konzernen konnte er umfassende Erfahrungen in verschiedenen Unternehmensstrukturen sammeln. Dabei hat er zahlreiche Erfolge gefeiert und wertvolle Lektionen aus eigenen Fehlern gelernt.

Im Mittelpunkt seiner Tätigkeit standen stets die Menschen und der gesunde Menschenverstand, was ihn dazu bewegte, sich intensiv mit den Methoden der hypno-systemischen Beratung und des Coachings auseinanderzusetzen. Heute unterstützt Dr. Wiemer Unternehmen bei strategischen Fragen und begleitet Menschen auf ihrem persönlichen und beruflichen Weg.

Mit dem Aufkommen von KI und neuen Technologien wie dem Internet der Dinge (IoT) steht unsere Arbeitswelt vor tiefgreifenden Veränderungen. Dr. Wiemer hilft Unternehmen, diese Transformation technologisch und kulturell zu gestalten, indem er auf lösungsorientiertes Handeln und echten Dialog setzt. Neue Arbeitskulturen, Kommunikationsformen und Führungsstile sind entscheidend, um die Potenziale dieser Technologien erfolgreich zu nutzen und gleichzeitig die Menschen mitzunehmen.

Wenn Organisationen Inklusion mitgestalten

1

Technologischer Fortschritt wird häufig als rein technisches Vorhaben betrachtet. Neue Programme, digitale Plattformen und automatisierte Abläufe sollen die Produktivität steigern, Entscheidungen beschleunigen oder bestehende Hindernisse beseitigen. Im Kontext von Inklusion reicht der bloße Einsatz digitaler Instrumente jedoch nicht aus. Ob Künstliche Intelligenz zur Förderung von Teilhabe beiträgt oder unbeabsichtigt neue Ausschlüsse erzeugt, entscheidet sich weniger am sichtbaren Erscheinungsbild eines Produkts, sondern an den Rahmenbedingungen seiner Konzeption und praktischen Nutzung. Genau an dieser Stelle übernehmen Organisationen eine Schlüsselrolle.

Organisationen sind die Orte, an denen Weichen gestellt, Ressourcen verteilt und Vorgaben in die Praxis überführt werden. Sie schaffen das Umfeld, in dem digitale Systeme geplant, eingeführt und dauerhaft genutzt werden. Wer dort keinen Zugang erhält, bleibt zwangsläufig auch von den technischen Lösungen ausgeschlossen. Wer nicht mitsprechen kann, wird bei der digitalen Gestaltung übergangen. Strukturen von Organisationen bestimmen daher maßgeblich, welche Stimmen Gehör finden, welche Perspektiven Gewicht erhalten und welche Sichtweisen unsichtbar bleiben. Damit prägen sie, ob KI-Anwendungen barrierefrei konzipiert, partizipativ entwickelt und verlässlich verankert werden.

In einer Phase beschleunigter Digitalisierung entsteht so eine doppelte Verantwortung. Organisationen sind nicht nur Anwender neuer Technologien, sondern zugleich Mitgestaltende gesellschaftlicher Realität. Sie entscheiden mit, ob Inklusion als festes Strukturprinzip verankert wird oder ob sie im Schatten technischer Innovation verblasst.

Naheliegend ist es, Inklusion im digitalen Kontext zunächst am Endprodukt zu verorten. Barrierefreie Benutzeroberflächen, adaptive Assistenzlösungen oder sprachbasierte Anwendungen gelten als sichtbare Zeichen technischer Zugäng-

© Der/die Autor(en), exklusiv lizenziert an Springer-Verlag GmbH, DE, ein Teil von Springer Nature 2025

A. Lübken und M. Wiemer, *KI-Führungskultur und Prozessmanagement,* essentials, https://doi.org/10.1007/978-3-662-72356-2_1

lichkeit. Diese Sichtweise greift jedoch zu kurz. Technische Lösungen entstehen nicht isoliert, sondern spiegeln Werte, Prioritäten und Entscheidungswege wider, die innerhalb von Organisationen gesetzt werden. Wer Inklusion ernst nimmt, muss daher früher ansetzen. Entscheidend sind nicht erst die Gestaltungsdetails digitaler Angebote, sondern die Strukturen, die deren Entwicklung ermöglichen oder behindern.

Auch das nutzerfreundlichste KI-System entfaltet keine Wirkung, wenn es in einer Institution eingesetzt wird, in der Entscheidungen exklusiv getroffen, Vielfalt nicht mitgedacht oder Barrierefreiheit nur als nachträgliche Korrektur verstanden wird. Inklusion reduziert sich in solchen Fällen auf eine formale Kulisse, während die gelebte Haltung ausbleibt. Die Verantwortung verschiebt sich dann von der Institution auf die Einzelperson. Wer mit einem System nicht zurechtkommt, soll sich anpassen. Diese Logik verdeutlicht, dass technische Lösungen ohne strukturellen Wandel bestehende Ungleichheiten leicht fortschreiben.

Die häufig beschworene Objektivität technischer Systeme verdeckt zudem die Machtverhältnisse, in denen sie entstehen. Es macht einen Unterschied, ob ein KI-gestützter Auswahlprozess auf vielfältigen Perspektiven basiert oder ob eine homogene Projektgruppe ohne Betroffene über Anforderungen und Testkriterien entscheidet. Ein gleichberechtigter Zugang erfordert daher mehr als funktionale Barrierefreiheit. Nötig ist ein anderes Denken, Planen und Handeln, das auf veränderte Strukturen zielt.

Der Begriff „Intelligente Inklusion" verweist genau auf diese Verbindung von technologischer Innovation und sozialer Teilhabe. Gemeint ist eine Haltung, die Barrierefreiheit nicht als Mindeststandard auffasst, sondern als Entwicklungsprinzip, das Vielfalt sichtbar macht und Ausschlüsse abbaut. Intelligent inklusiv zu handeln bedeutet, Verantwortung nicht zu delegieren, sondern institutionell zu verankern.

Anders als in pädagogischen oder politischen Kontexten meint Zugehörigkeit in Organisationen nicht allein individuelle Förderung oder rechtliche Gleichstellung. Gefordert ist vielmehr eine konsequente Ausrichtung von Strukturen, Prozessen und Entscheidungswegen auf gerechte Teilhabe. Intelligent inklusiv handelt, wer neue Technologien so gestaltet und einsetzt, dass niemand ausgeschlossen wird, weder durch unzugängliche Schnittstellen noch durch implizite Leistungserwartungen.

Intelligente Inklusion ist kein Schlagwort, sondern Querschnittsaufgabe, Steuerungslogik und Kulturfrage. Entscheidend ist, ob Einrichtungen Verantwortung für digitale Gerechtigkeit übernehmen oder sie an Dienstleister, Förderprogramme oder Einzelpersonen auslagern. Letzteres entlastet kurzfristig, verändert aber keine Strukturen. Dauerhafte Veränderung entsteht erst, wenn Barrierefreiheit als institutionelle Kernkompetenz verstanden wird.

Die digitale Transformation verändert nicht nur technische Systeme, sondern auch die Anforderungen an Organisationen. Prozesse werden automatisiert, Schnittstellen neugestaltet und Kommunikationswege beschleunigt. Was auf den ersten Blick wie Effizienzgewinn erscheint, stellt viele Einrichtungen in der Praxis vor tiefgreifende Herausforderungen. Mit der Einführung KI-gestützter Anwendungen, datenbasierter Steuerungen und automatisierter Entscheidungsprozesse wandelt sich das Verhältnis zwischen Struktur, Handlung und Verantwortung grundlegend.

Früher konnten Abläufe häufig durch direkte Kommunikation, informelles Wissen oder individuelle Ausgleiche gesteuert werden. Heute greifen technische Systeme zunehmend in Entscheidungen ein, deren Logik nicht ohne Weiteres nachvollziehbar ist. Verantwortung verlangt daher nicht nur technisches Verständnis, sondern auch die Fähigkeit, soziale Konsequenzen abzuschätzen. Dies betrifft Fragen der Zugänglichkeit ebenso wie Aspekte der Repräsentation, der Fairness und der Kontrolle. Die Kernbotschaft lautet: Verantwortung lässt sich nicht digitalisieren.

Organisationen, die KI nutzen oder Digitalisierungsprozesse gestalten, sehen sich daher mit der Aufgabe konfrontiert, technologische Komplexität zu bewältigen und gleichzeitig neue Formen sozialer Verantwortung zu entwickeln. Diese Verantwortung erschöpft sich nicht in der Einhaltung gesetzlicher Vorgaben oder in der Vermeidung von Reputationsschäden. Sie umfasst vielmehr die Art und Weise, wie Entscheidungen vorbereitet, delegiert und bewertet werden. Technische Systeme sind niemals wertfrei, sondern beruhen auf bestehenden Strukturen.

Daraus ergibt sich ein neuer Anspruch an organisationale Praxis. Es genügt nicht, Technik anzuschaffen und einzusetzen. Notwendig sind Strukturen, die reflektieren, welche Wirkungen entstehen und wer von ihnen betroffen ist.

Organisationen, die sich sozial gerecht weiterentwickeln wollen, benötigen daher mehr als gute Absichten. Ihre internen Strukturen entscheiden darüber, ob ein inklusiver Wandel gelingt oder behindert wird. Oft sind diese Strukturen historisch gewachsen, komplex verflochten und nicht bewusst gestaltet. Umso wichtiger ist es, gezielt zu erkennen, an welchen Stellen angesetzt werden kann und wie sich Inklusion systematisch verankern lässt. Radikale Brüche sind selten erforderlich. Entscheidend sind gezielte Veränderungen in Leitbildern, Prozessen und Zuständigkeiten.

Ein erster Hebel liegt im Leitbild. Was dort nicht ausdrücklich erwähnt wird, findet selten systematisch statt. Wird Inklusion als Querschnittsaufgabe verankert, prägt dies Prioritäten, Verantwortlichkeiten und Investitionen. Ein zweiter Hebel betrifft die interne Steuerung. Relevant ist, wie Entscheidungen getroffen, wer beteiligt wird und ob verschiedene Perspektiven planvoll einbezogen oder nur zufällig berücksichtigt werden. Diese Steuerungslogik beeinflusst das Verständnis von Normalität und damit die Wahrscheinlichkeit, dass Inklusion aktiv mitgedacht wird.

Ein dritter Ansatzpunkt ist die Ressourcenverteilung. Vorhaben zur Förderung von Barrierefreiheit oder Beteiligung scheitern selten an mangelnder Überzeugung, sondern häufig an fehlenden Kapazitäten. Wer Inklusion ermöglichen will, muss Zeit, Personal und finanzielle Mittel bereitstellen. Auch hier zeigt sich: Strukturen schaffen Wirklichkeit. Schließlich prägt die Teilhabekultur einer Organisation entscheidend, ob Vielfalt sichtbar wird, Rückmeldungen willkommen sind und Unterschiede Wertschätzung erfahren. Nur dann entstehen Räume für echte Mitgestaltung.

Diese strukturellen Hebel garantieren keine inklusive Praxis, bilden aber den Nährboden dafür. Wer hier systematisch ansetzt, verändert nicht nur Abläufe, sondern auch Erwartungen, Haltungen und Perspektiven.

Künstliche Intelligenz verändert dabei nicht nur Arbeitsweisen und Entscheidungslogiken, sondern auch die Grundstruktur von Organisationen. Prozesse werden datenbasiert neu organisiert, Routinen durch automatisierte Systeme ersetzt und Zuständigkeiten zunehmend an algorithmische Schnittstellen verlagert. Dieser Wandel betrifft nicht nur Technikabteilungen oder Leitungsebenen, sondern reicht tief in den Arbeitsalltag hinein.

KI ist in diesem Zusammenhang nicht nur Werkzeug, sondern auch Verstärker bestehender Muster. Systeme, die auf vorhandenen Daten beruhen, übernehmen häufig unbewusste Vorannahmen und institutionelle Ausschlüsse. Wird dies nicht erkannt, entsteht das Risiko, technischen Fortschritt mit sozialer Rückwärtsgewandtheit zu verbinden. Gleichzeitig kann KI zum Ausgangspunkt neuer Reflexions- und Gestaltungsprozesse werden, wenn sie genutzt wird, um Routinen zu hinterfragen und neue Formen der Zusammenarbeit zu entwickeln.

Genau hier zeigt sich das Potenzial intelligenter Inklusion. Nicht die Technik selbst steht im Mittelpunkt, sondern die Veränderungen, die sie anstoßen kann. Wenn Organisationen den Einsatz von KI als Gelegenheit nutzen, Prozesse, Entscheidungswege und Beteiligungsformate kritisch zu überprüfen, entsteht Bewegung. Wird diese Bewegung nicht nur auf Effizienz, sondern auch auf Gerechtigkeit ausgerichtet, kann sie zum Impulsgeber für strukturelle Inklusion werden.

Inklusion im organisatorischen Sinne ist daher mehr als ein Projekt oder eine Zusatzaufgabe. Sie ist Querschnittsaufgabe und Kulturfrage zugleich.

Entscheidend ist, ob Organisationen sich selbst als Mitverantwortliche für digitale Gerechtigkeit verstehen oder ob sie Verantwortung auslagern, etwa an externe Dienstleister, an Förderlogiken oder an Einzelpersonen mit Behinderung. Solche Auslagerungen mögen kurzfristig entlasten, sie verändern jedoch keine Strukturen. Erst wenn Barrierefreiheit als institutionelle Kompetenz begriffen wird, entsteht Raum für nachhaltige Veränderung.

Macht, Routinen und Ausschlüsse in Organisationen

2.1 Normen und Abläufe als Hürde für Teilhabe

Organisationen handeln nie im leeren Raum. Sie stützen sich auf festgelegte Abläufe, wiederkehrende Routinen und verbindliche Standards. Diese Strukturen sichern Handlungsfähigkeit, Verlässlichkeit und Stabilität im Alltag. Was Orientierung und Effizienz verspricht, kann jedoch zugleich Teilhabe einschränken. Routinen beruhen auf bewussten wie unbewussten Entscheidungen, auf eingeübten Gewohnheiten und auf impliziten Normen, die selten hinterfragt werden. Wer darin nicht mitgedacht ist, bleibt schnell außen vor. Ausschluss geschieht dann nicht aus Absicht, sondern weil Systeme keine Rücksicht nehmen, wenn sie nicht gezielt darauf ausgelegt sind.

Ein Beispiel dafür liefert der Alltag von Besprechungen. Werden sie kurzfristig angesetzt, überlang ohne Pausen durchgeführt oder in akustisch schwierigen Räumen abgehalten, entsteht faktisch ein Ausschluss. Menschen, die unterstützende Kommunikationstechnologien benötigen, auf kognitive Entlastung angewiesen sind oder Vorbereitungszeit brauchen, mögen formal eingeladen sein, können aber nicht gleichberechtigt teilnehmen. Die Barrieren liegen nicht in offener Ablehnung, sondern in der Selbstverständlichkeit bestimmter Abläufe. Genau in dieser vermeintlichen Normalität steckt oft die strukturelle Hürde.

Normen entstehen durch Wiederholung. Was häufig gleich verläuft, gilt irgendwann als selbstverständlich. Gerade weil diese Selbstverständlichkeit unsichtbar bleibt, wirkt sie besonders stark. Sie wird nicht hinterfragt, sondern vorausgesetzt. Wer widerspricht, gilt schnell als störend im vermeintlich „funktionierenden" System. So verschiebt sich die Frage nach inklusiven Abläufen hin zu einer Diskussion über Zumutbarkeit. Doch zumutbar für wen? Für das System, die Leitungsebene oder die Mehrheit? Inklusion gelingt nur, wenn Routinen

© Der/die Autor(en), exklusiv lizenziert an Springer-Verlag GmbH, DE, ein Teil von Springer Nature 2025

A. Lübken und M. Wiemer, *KI-Führungskultur und Prozessmanagement,* essentials, https://doi.org/10.1007/978-3-662-72356-2_2

aus der Perspektive jener geprüft werden, die sonst unbemerkt ausgeschlossen bleiben.

Auch digitale Arbeitsweisen sind von solchen Mustern geprägt. Interne Plattformen ohne Barrierefreiheit, Oberflächen, die nicht mit assistiven Technologien kompatibel sind, oder Schulungsmaterialien in schwer verständlicher Fachsprache schaffen Ausschlüsse, die kaum benannt werden. Sie werden Teil der alltäglichen Infrastruktur und wirken langfristig. Einmal eingeführt, prägen sie nicht nur die Gegenwart, sondern auch zukünftige Abläufe. Wer damit nicht zurechtkommt, bekommt selten die Anwendung erklärt, sondern trägt die Verantwortung persönlich zugeschrieben.

Verstärkt wird dies durch Beschleunigung. Viele digitale Abläufe sind auf maximale Geschwindigkeit ausgerichtet. Prozesse werden automatisiert, standardisiert und sollen in Echtzeit funktionieren. Diese Logik setzt bestimmte Fähigkeiten voraus: Schnelle Informationsverarbeitung, flexible Reaktion und parallele Aufmerksamkeitslenkung. Wer Informationen visuell, auditiv oder kognitiv nicht sofort verarbeiten kann, gilt schnell als langsam. Und Langsamkeit wird selten als wertvoll angesehen, sondern häufig als Hindernis. Teilhabe wird so zur Leistungspflicht statt zum Grundrecht: Wer mithalten kann, darf dabei sein, wer nicht in das Tempo passt, bleibt zwar sichtbar, aber nicht gleichberechtigt anerkannt.

Besonders problematisch wird dies, wenn solche Mechanismen in Bewertungsprozesse eingehen. Der Zugang zu Fortbildungen, Projekten oder Entwicklungsmöglichkeiten hängt in vielen Einrichtungen stark von Sichtbarkeit und Präsenz ab. Wer gut vernetzt ist, in Meetings auffällt oder bei digitalen Veranstaltungen regelmäßig in Erscheinung tritt, gilt als engagiert. Doch diese Sichtbarkeit ist nicht für alle erreichbar. Wer auf assistive Technologien angewiesen ist oder kommunikativ ausgebremst wird, bleibt oft im Schatten, nicht aus Mangel an Leistung, sondern weil der Weg zur Sichtbarkeit versperrt ist.

Inklusives Denken verlangt hier einen klaren Perspektivwechsel. Es geht nicht darum, für Einzelfälle Sonderregeln zu schaffen. Entscheidend ist, Strukturen so zu überprüfen, dass sie mehr Menschen einbeziehen. Abläufe müssen nicht nur nach Effizienz, sondern auch nach Zugänglichkeit bewertet werden. Normalität darf nicht als unverrückbarer Maßstab gelten, sondern als wandelbare Konvention. Prozesse sollten nicht an der Anpassungsleistung Einzelner gemessen werden, sondern an der Flexibilität des Systems.

Organisationen, die diesen Weg einschlagen, stoßen unweigerlich an ihre Grenzen. Routinen vermitteln Sicherheit, bieten Orientierung und reduzieren Komplexität. Doch wer Sicherheit höher gewichtet als Gerechtigkeit, schließt genau jene aus, die Schutz und Struktur am dringendsten benötigen. Inklusion beginnt dort, wo Routinen nicht als starre Vorschriften verstanden werden, sondern als veränderbare Rahmenbedingungen für gemeinsame Teilhabe.

2.2 Repräsentation und Stimme in Entscheidungsprozessen

In vielen Einrichtungen wird Beteiligung betont. Gremien, Projektgruppen oder Steuerungsteams sollen Entscheidungen auf eine breite Grundlage stellen. Doch wer tatsächlich vertreten ist, wer Einfluss nehmen kann und wessen Sichtweisen sichtbar werden, folgt selten einer gezielten Repräsentationsstrategie. Häufig spiegeln sich in den Besetzungen bestehende Machtverhältnisse, vertraute Auswahlmuster und implizite Ausschlüsse wider. Gerade im technologischen Wandel ist entscheidend, welche Stimmen Gehör finden und welche ungehört bleiben. Wer nicht in Entwicklung, Auswahl oder Einführung neuer Systeme präsent ist, kann zentrale Weichenstellungen nicht mitgestalten.

Repräsentation bedeutet mehr als Anwesenheit. Eine Person mit Behinderung in ein Digitalisierungsgremium zu berufen, genügt nicht, wenn dort weder Stimme noch Ressourcen oder Rückhalt verfügbar sind. Ebenso wenig reicht es, marginalisierte Perspektiven gelegentlich anzuhören, wenn daraus keine Veränderungen folgen. Allzu oft wird Vertretung funktionalisiert: Vielfalt soll signalisiert werden, ohne Entscheidungswege zu verändern. Das Ergebnis ist symbolische Mitwirkung. Betroffene sind zwar anwesend, haben aber keinen Einfluss auf Richtung oder Bewertung.

Besonders deutlich wird diese Dynamik, wenn digitale Systeme eingeführt werden, die tief in Arbeitsweisen eingreifen. Entscheidungen über Plattformen, Feedbackstrukturen oder Nutzungsszenarien verlangen vielfältige Sichtweisen. Doch meist sitzen in diesen Runden Personen, die technisch versiert, sprachlich sicher und institutionell privilegiert sind. Andere werden nicht aktiv ausgeschlossen, aber auch nicht gezielt eingeladen. Auswahlkriterien sind häufig Verfügbarkeit, Bekanntheit oder Rang, nicht jedoch inklusive Repräsentation.

Ein weiterer Mechanismus betrifft die Bewertung von Beiträgen. Wer den gewohnten Stil nicht erfüllt, Themen anders gewichtet oder sprachlich unkonventionell formuliert, wird schnell als wenig kompetent wahrgenommen. Damit verengt sich der Diskurs. Repräsentation wird zur Frage der Konformität. Unterschiedlichkeit erscheint als Störung, nicht als Ressource. Strukturelle Ungleichheiten bleiben unsichtbar, weil die Stimmen, die sie benennen könnten, fehlen oder marginalisiert werden.

Die digitale Transformation verstärkt diese Muster. Technische Systeme wirken objektiv. Entscheidungen, die auf digitalen Daten beruhen, erscheinen sachlicher und damit weniger hinterfragbar. Wer dann nicht am Tisch sitzt, verliert doppelt: In der konkreten Entscheidung und in der symbolischen Ebene des Mitgestaltens. Zukunft wird in solchen Prozessen definiert. Wer hier nicht sichtbar ist, bleibt auch künftig unsichtbar. Repräsentation wird damit zu einer machtvollen Ressource.

Viele Einrichtungen verfügen jedoch über kein klares Konzept, wie Vertretung systematisch organisiert werden kann. Kriterien für die Besetzung strategischer Runden fehlen, verbindliche Verfahren zur Beteiligung relevanter Gruppen existieren kaum. Häufig sprechen Einzelpersonen stellvertretend für ganze Communities, ohne Mandat, Rückbindung oder Zeitbudget. Eine nachhaltige Beteiligungskultur verlangt hingegen feste Verfahren, transparente Auswahlprozesse und die Anerkennung von Vielfalt als Wissensquelle.

Echte inklusive Repräsentation entsteht nur unter strukturellen Voraussetzungen. Sie erfordert zeitliche Ressourcen und eine Haltung, die Unterschiedlichkeit nicht nur akzeptiert, sondern als notwendig begreift. Hier geht es nicht um moralische Geste, sondern um die Qualität von Entscheidungen. Einrichtungen, die dauerhaft aus denselben Perspektiven heraus entscheiden, riskieren Fehlentwicklungen. Wer gezielt Vielfalt einbindet, trägt dazu bei, dass Räume für Innovation, soziale Gerechtigkeit und nachhaltige Akzeptanz entstehen, auch im Umgang mit Künstlicher Intelligenz.

2.3 Machtverhältnisse in der digitalen Transformation

Digitalisierung wird gern als technischer Fortschritt beschrieben: Neue Tools, intelligente Anwendungen, automatisierte Abläufe und datenbasierte Auswertungen. Tatsächlich verändert sich damit auch das Gefüge innerhalb von Organisationen. Zuständigkeiten, Entscheidungswege und Einflussräume wandeln sich und wirken spürbar auf Teilhabe und Inklusion.

Mit der Einführung digitaler Lösungen verschieben sich Kräfteverhältnisse. Beschlüsse, die früher im direkten Austausch entstanden, werden zunehmend durch automatisierte Verfahren vorbereitet oder übernommen. Wer diese Strukturen entwirft, prägt nicht nur technische Details, sondern auch, was als relevant und effizient gilt. Der Zugang zu diesen Gestaltungsprozessen ist meist ungleich verteilt. Technisches Wissen, Teilnahme an Schlüsselrunden und Interpretationshoheit konzentrieren sich oft bei wenigen, während andere Stimmen wenig Gewicht erhalten.

Machtverhältnisse zeigen sich auch bei der Einführung technischer Systeme. Entscheidungen über Beschaffung, Funktionsumfang oder Prioritäten liegen häufig bei einer kleinen Führungs- oder Expertengruppe. Die Stimmen jener, die mit den Systemen arbeiten oder unmittelbar betroffen sind, fließen nur selten ein. Dadurch stabilisieren sich bestehende Hierarchien, inklusive Ansätze werden zur Ausnahme.

Verstärkt wird diese Dynamik durch die Vorstellung, technische Systeme seien objektiv. Ihre Ergebnisse wirken sachlich, auch wenn sie auf Annahmen beruhen, die von bestimmten Gruppen geprägt sind. Diese vermeintliche Neutralität entzieht digitale Werkzeuge der Debatte. Kritik gilt als Technikferne, Zweifel als Innovationsbremse. Macht zeigt sich hier in subtiler Form: Als Vorentscheidung darüber, welche Themen diskutiert werden.

Auch die Sprache des digitalen Wandels trägt dazu bei. Begriffe wie Effizienz, Innovation, Zukunftsfähigkeit oder Skalierbarkeit setzen wirtschaftliche Maßstäbe und drängen soziale Fragen an den Rand. Wer Inklusion anspricht, stößt rasch auf Kosten- oder Machbarkeitsargumente. Tatsächlich geht es jedoch um normative Fragen: Wer profitiert vom Wandel? Wer definiert Fortschritt? Und wer legt fest, was unverzichtbar ist?

Ein weiterer Aspekt betrifft den Umgang mit Daten. Über Nutzung und Auswertung wird intensiv diskutiert, seltener jedoch über Zugänge, Interpretationen und Entscheidungsbefugnisse. Daten tragen nur dann zur Inklusion bei, wenn vielfältige Gruppen darin sichtbar sind und nicht lediglich als Randwert erscheinen.

Der technologische Wandel stellt Organisationen somit vor eine doppelte Aufgabe: Innovativ und zukunftsorientiert zu handeln, ohne bestehende Ungleichheiten in digitaler Form zu verfestigen. Dies erfordert die Bereitschaft, Machtfragen offen anzusprechen und Entscheidungsprozesse kritisch zu überprüfen. Inklusion wird hier zum Maßstab für Gerechtigkeit im Wandel.

2.4 Ableismus und performative Diversität im System

In vielen Einrichtungen ist die Anerkennung von Vielfalt heute Teil des Leitbilds. Broschüren zeigen diverse Bildwelten, Webseiten betonen Gleichberechtigung, Leitlinien verweisen auf Fairness und Teilhabe. Hinter dieser sichtbaren Ebene bestehen jedoch Strukturen, die unausgesprochene Normvorstellungen fortschreiben. Ein zentrales Beispiel ist Ableismus: Eine Denkweise, die bestimmte

Fähigkeiten stillschweigend voraussetzt und alles Abweichende als mangelhaft einstuft.

Ableismus tritt selten offen auf. Er manifestiert sich in Routinen, Bewertungskriterien und Erwartungen, die körperliche, kognitive oder soziale Voraussetzungen als selbstverständlich behandeln. Wer abweicht, wird nicht unmittelbar diskriminiert, aber langfristig benachteiligt. Besprechungen, die ausschließlich auf schnelle mündliche Kommunikation setzen, Feedbacksysteme mit komplexen Online-Formularen oder Karrierewege, die ständige Präsenz verlangen, verdeutlichen diese Logik. Solche Strukturen schließen Menschen mit Behinderung, mit chronischen Erkrankungen oder mit anderen Erfahrungshorizonten systematisch aus.

Problematisch ist, dass diese Muster intern häufig als „normal" gelten. Sie sind historisch gewachsen, funktional eingespielt und werden kaum hinterfragt. Wer Barrieren benennt, gilt schnell als störend, fordernd oder wenig kooperativ. So verteidigt eine Einrichtung nicht nur ihre Abläufe, sondern auch ihr Selbstbild. Zugleich entsteht der Eindruck, bereits ausreichend inklusiv zu sein, etwa durch einzelne Maßnahmen oder symbolische Zeichen. Diese Praxis gilt als performative Diversität: Offenheit wird demonstriert, ohne Beteiligungsformen oder Ressourcenzugänge grundlegend zu verändern.

Eine spezielle Form davon ist Tokenism. Einzelpersonen aus benachteiligten Gruppen werden in Gremien berufen oder auf Veranstaltungen präsentiert, um Vielfalt zu signalisieren. Real haben sie jedoch kaum Einfluss. Diese Alibibeteiligung bleibt nach außen unsichtbar, belastet die Betroffenen jedoch stark. Sie stehen unter Beobachtung, werden instrumentalisiert und zugleich allein gelassen. Die Erwartung, eine ganze Organisation zu repräsentieren, die strukturell unverändert bleibt, führt häufig zu Frustration und Rückzug.

Institutionen, die symbolische Vielfalt praktizieren, bewegen sich zwischen öffentlicher Erwartung, interner Überforderung und beharrlicher Strukturlogik. Gleichstellung wird zum Kommunikationsprojekt statt zur Transformationsaufgabe. Sichtbarkeit ersetzt Wirkung, Maßnahmen werden dokumentiert, aber nicht überprüft. Erfolge erscheinen auf dem Papier, ohne dass sich im Alltag etwas ändert.

Wer diese Muster aufbrechen will, muss grundlegende Fragen stellen. Wie wird Leistung definiert? Welche Verhaltensweisen gelten als professionell? Wer kann sichtbar werden, und wer muss sich anpassen? Welche Folgen hat es, wenn Routinen hinterfragt werden? Antworten zeigen, wie tief Ableismus und performative Diversität verankert sind. Erst wenn diese Strukturen erkannt und gezielt verändert werden, kann Vielfalt mehr sein als Image.

Eine inklusive Organisation weiß, dass Gleichberechtigung durch strukturellen Wandel entsteht. Routinen werden überprüft, Beteiligungsformate tragfähig entwickelt und Ressourcen verlässlich zugänglich gemacht. Verantwortung bleibt nicht auf der symbolischen Ebene, sondern wird in Entscheidungsstrukturen und kulturelles Selbstverständnis integriert. So wächst aus Schaufenster-Diversität eine gelebte Praxis, die nicht an Bildern, sondern an ihrer Wirkung gemessen wird.

Inklusion als Prozess mit Struktur und Beteiligung 3

3.1 Leitbilder und Richtlinien für inklusive Digitalisierung

Einzelne Projekte oder symbolische Aktionen reichen nicht aus, um Inklusion im digitalen Wandel zu verankern. Notwendig ist eine klare Orientierung, die aus der bewussten Auseinandersetzung mit eigenen Grundsätzen, Zielen und Werten entsteht. Leitbilder und verbindliche Vorgaben übernehmen dabei eine Schlüsselfunktion. Sie wirken wie ein innerer Kompass, schaffen Transparenz und setzen Standards für künftige Entscheidungen. Gerade im Umgang mit Künstlicher Intelligenz und automatisierten Verfahren ist ein solcher Orientierungsrahmen unverzichtbar, da sich viele Fragen nicht allein technisch beantworten lassen.

Ein Leitbild ist mehr als eine Absichtserklärung. Es formuliert, wozu sich eine Institution verpflichtet, nach außen ebenso wie nach innen. Sind digitale Teilhabe und Vielfalt darin klar verankert, verändert sich die Grundlage für Entscheidungen. Technologische Vorhaben werden dann nicht nur unter Effizienz- oder Sicherheitsaspekten bewertet, sondern auch im Hinblick auf soziale Gerechtigkeit.

Damit Grundsätze wirksam werden, müssen sie in konkrete Richtlinien übersetzt werden. Diese legen nachvollziehbar fest, wie Werte in die Praxis gelangen. Vor der Einführung neuer digitaler Lösungen kann beispielsweise verbindlich geprüft werden, ob sie barrierefrei, adaptiv nutzbar und in partizipativen Verfahren entwickelt wurden. Ebenso können Verfahren definiert werden, die eine frühzeitige Einbindung betroffener Beschäftigtengruppen sicherstellen. Die Erarbeitung solcher Regeln ist kein einmaliger Akt, sondern ein gemeinsamer Prozess, der Abstimmung, Verhandlung und klare Kommunikation erfordert.

© Der/die Autor(en), exklusiv lizenziert an Springer-Verlag GmbH, DE, ein Teil von Springer Nature 2025
A. Lübken und M. Wiemer, *KI-Führungskultur und Prozessmanagement,* essentials, https://doi.org/10.1007/978-3-662-72356-2_3

Besonders wichtig ist, dass inklusive Leitlinien selbst inklusiv entstehen. Werden sie in geschlossenen Runden entwickelt, ohne Beteiligung derer, die von Barrieren betroffen sind, verlieren sie an Glaubwürdigkeit. Menschen mit Behinderungen, chronischen Erkrankungen oder anderen Erfahrungen struktureller Benachteiligung müssen von Anfang an gleichberechtigt mitwirken können, mit gesichertem Einfluss auf Inhalte und Entscheidungen. Nur so entsteht ein Orientierungsrahmen, der von allen getragen wird und in komplexen Situationen Bestand hat.

Der Einsatz von KI stellt zusätzliche Anforderungen. Algorithmen arbeiten mit Wahrscheinlichkeiten, Datenmustern und teilweise intransparenten Prozessen. Leitbilder müssen deshalb auch Fragen nach Fairness, Nachvollziehbarkeit und Vermeidung von Diskriminierung berücksichtigen. Wer sicherstellen will, dass Systeme Zugänge eröffnen, braucht Kriterien, die über rein technische Standards hinausgehen.

Ein weiterer Eckpfeiler inklusiver Richtlinien ist der konstruktive Umgang mit Unsicherheit. Die Wirkungen neuer Technologien lassen sich nicht vollständig vorhersagen. Eine verantwortungsbewusste Organisation erkennt dies an und entwickelt Verfahren, um auf unklare Entwicklungen, Fehlsteuerungen oder neue Bedarfe zu reagieren. Dies kann regelmäßige Überprüfungen, interne Reflexionsgremien oder klar geregelte Eskalationswege bei Konflikten umfassen. Inklusion wird so zu einem fortlaufenden Lern- und Verbesserungsprozess.

Auch die Leitungsebene trägt Verantwortung. Leitbilder bilden die Grundlage für strategische Entscheidungen, Personalentwicklung und Prioritätensetzung. Wenn digitale Teilhabe als Ziel verankert ist, verändert das, wie Projekte geplant, bewertet und gesteuert werden. Leitlinien sind damit nicht nur Ausdruck einer Haltung, sondern auch wirksames Steuerungsinstrument, das Selbstverständnis und externe Wahrnehmung einer Organisation prägt.

Praktisch kann dies bedeuten, dass eine Digitalstrategie verbindlich festlegt: Jede neue Software wird auf Barrierefreiheit geprüft. Schulungen zu KI und Inklusion sind verpflichtender Bestandteil interner Qualifizierungsprogramme. In allen relevanten Technikentscheidungen ist ein divers zusammengesetztes Fachgremium vertreten. Ebenso können klare Vorgaben für verständliche Sprache in internen Mitteilungen oder für die systematische Beteiligung betroffener Mitarbeitender an Digitalprojekten festgeschrieben werden. Solche Regeln schaffen Verbindlichkeit, ermöglichen Kontrolle und sorgen für eine gemeinsame Ausrichtung.

Gleichzeitig haben Leitbilder Grenzen. Sie beantworten nicht jede Einzelfrage und ersetzen keine gelebte Praxis. Damit sie Wirkung entfalten, müssen sie in Abläufe übersetzt, mit Alltagserfahrungen rückgekoppelt und an veränderte

Rahmenbedingungen angepasst werden. Entscheidend ist, dass sie nicht statisch bleiben, sondern Bestandteil eines fortlaufenden Dialogs sind, mit Raum und Bereitschaft für kritische Fragen.

Inklusive Digitalisierung braucht Orientierung. Leitbilder und klare Richtlinien bilden dafür einen tragfähigen Rahmen. Sie machen sichtbar, was zählt, wenn Technik eingeführt oder verändert wird, und verhindern, dass Entscheidungen allein von Effizienz- oder Renditeerwartungen bestimmt werden. Wer Inklusion ernst nimmt, legt mit ihnen den Grundstein für verständliche und faire Lösungen.

3.2 Beteiligung organisieren und systematisch verankern

Eine inklusive Digitalisierung gelingt nur, wenn betroffene Gruppen strukturell eingebunden werden. Mitwirkung ist keine freiwillige Zugabe, sondern eine Grundvoraussetzung für gerechte Technikgestaltung. Prozesse, die ohne Mitbestimmung entwickelt werden, riskieren bestehende Ausschlüsse zu zementieren oder neue Barrieren zu schaffen. Entscheidend ist daher, Beteiligung nicht als einmalige Konsultation zu verstehen, sondern als fest verankerten Bestandteil institutioneller Entwicklung.

Die Frage, wer überhaupt als relevante Stimme gilt, ist dabei zentral. In vielen Einrichtungen prägen Rollenbilder, Zuständigkeiten und tradierte Abläufe die Wahrnehmung. Manche Gruppen werden regelmäßig einbezogen, andere geraten systematisch aus dem Blick, besonders Menschen mit Behinderungen oder chronischen Erkrankungen. Damit ihre Perspektiven berücksichtigt werden, braucht es gezielte Formate und verbindliche Strukturen.

Ein wirksamer Mechanismus ist die Einrichtung dauerhafter Gremien wie Ethikbeiräte, Steuerungskreise oder Fachforen für digitale Teilhabe. Solche Zusammenschlüsse sollten interdisziplinär arbeiten und Kompetenzen aus Technik, Inklusion, Recht, Sozialwissenschaft und Nutzerpraxis verbinden. Wichtig ist, dass diese Gremien nicht nur beraten, sondern auch tatsächlich Einfluss auf Entscheidungen nehmen können. Ernsthafte Partizipation zeigt sich daran, dass Anregungen dokumentiert, berücksichtigt und Entscheidungswege nachvollziehbar gemacht werden.

Neben festen Strukturen braucht es niedrigschwellige Beteiligungsmöglichkeiten im Alltag. Dazu zählen moderierte Fokusgruppen, barrierefreie Online-Dialoge oder offene Ideenplattformen. Hier sind Regelmäßigkeit, Rückmeldung und Erreichbarkeit besonders wichtig. Gelegenheiten zur Mitwirkung müssen kontinuierlich, methodisch vielfältig und alltagstauglich angeboten werden.

Eine besonders wirksame Form ist die Co-Creation. Betroffene arbeiten von Beginn an gleichberechtigt an der Entwicklung von Lösungen mit, statt nur am Ende Feedback zu geben. So lassen sich technische Machbarkeit und soziale Zugänglichkeit frühzeitig miteinander verbinden. Gerade bei KI-Projekten, die sowohl technische als auch gesellschaftliche Fragen berühren, ist dieses Vorgehen unverzichtbar.

Dauerhafte Beteiligung scheitert jedoch häufig an fehlenden Ressourcen. Zeit, Personal und Budget für Abstimmung, Moderation, Übersetzung und Nachbereitung werden nicht eingeplant. Barrierefreie Kommunikation, adaptive Formate, unterstützende Technik und qualifizierte Koordination müssen jedoch von Anfang an im Projektumfang vorgesehen sein, wenn Qualität gesichert werden soll.

Beteiligung bedeutet zugleich, Verantwortung zu teilen. Für viele Institutionen ist dies ungewohnt. Entscheidungen werden traditionell in Führungskreisen getroffen, Expertise in Fachabteilungen gebündelt und Risiken intern abgewogen. Inklusives Arbeiten verlangt ein anderes Verständnis. Gemeinsame Gestaltung ist kein Kontrollverlust, sondern ein Gewinn an Qualität und Akzeptanz. Sie ermöglicht Einblicke in Nutzungshürden, Alltagserfahrungen und strukturelle Ungleichheiten, die sonst unsichtbar blieben.

Entscheidend ist zudem, wie ausgewählt wird. Einzelpersonen können keine Vielfalt repräsentieren. Offen ausgeschriebene Plätze, rotierende Mitgliedschaften, Rückkopplung mit Interessenvertretungen und die gezielte Einbindung fachlicher wie lebensweltlicher Expertise sichern Breite und Tiefe der Perspektiven.

Mitwirkung erfordert außerdem Qualifizierung auf beiden Seiten. Betroffene benötigen Zugang zu relevanten Informationen und Unterstützung, um ihre Rolle auszufüllen. Institutionen wiederum müssen lernen, wie Partizipation methodisch gestaltet, kommunikativ begleitet und organisatorisch abgesichert werden kann. Hier helfen Fortbildungen, Coaching und gemeinsame Lernformate.

Schließlich sollte Beteiligung regelmäßig überprüft werden. Evaluation der Formate, Analyse ihrer Reichweite und Anpassung bei erkennbaren Lücken halten den Prozess lebendig und wirksam.

Partizipation ist kein Selbstzweck. Sie ist Schlüssel zu einer inklusiven Digitalisierung. Wer sie ernst nimmt, verändert nicht nur Prozesse, sondern auch Haltungen. So wird sichtbar, dass Verantwortung geteilt, Unterschiedlichkeit anerkannt und Gerechtigkeit aktiv gestaltet werden. Beteiligung bildet damit die Grundlage für eine digitale Entwicklung, die nachhaltig, gerecht und menschenzentriert ist.

3.3 Prozessgestaltung für Barrierefreiheit und Zugänglichkeit

Barrierefreier Zugang ist kein Zufallsprodukt, sondern das Ergebnis bewusster Entscheidungen in Entwicklung, Auswahl und Einsatz digitaler Werkzeuge. Er zeigt sich nicht nur in der sichtbaren Oberfläche einer Anwendung, sondern ebenso in den Strukturen, Verfahren und Rahmenbedingungen, unter denen Technologien eingeführt werden. Wer KI-Lösungen inklusiv gestalten will, muss daher schon bei den Abläufen ansetzen. Hindernisfreiheit entsteht durch sorgfältig geplante, verbindlich gesteuerte und regelmäßig überprüfte Schritte.

Ein besonders einflussreicher Bereich ist die IT-Beschaffung. Entscheidungen über Plattformen, Software oder Endgeräte werden oft nach wirtschaftlichen, technischen oder strategischen Gesichtspunkten getroffen, während inklusive Nutzbarkeit zweitrangig bleibt. Ein barrierebewusster Beschaffungsprozess setzt früher an. Bereits in Ausschreibungen, Angebotsbewertungen und Auswahlverfahren sollten klare Vorgaben zur digitalen Zugänglichkeit, zur Kompatibilität mit assistiven Technologien und zur nutzungszentrierten Gestaltung verankert sein. Dazu zählen Bedienbarkeit ohne Maus, Screenreader-Tauglichkeit, skalierbare Inhalte oder flexible Kontrastanpassungen. Ebenso wichtig sind barrierefreie Installationsroutinen, verständliche Lizenzinformationen und ein gut erreichbarer Nutzerservice.

Mit der Anschaffung allein ist es nicht getan. Auch die Implementierung neuer Anwendungen muss inklusiv gestaltet werden. Schulungsunterlagen sollten in verständlicher Sprache und in mehreren Formaten vorliegen, beispielsweise als Text, Video oder Audio. Anleitungen brauchen eine logische Struktur, klare Visualisierungen und konsistente Begrifflichkeiten. Schulungsveranstaltungen müssen unterschiedliche Bedarfe berücksichtigen, etwa durch Pausen, Gebärdensprachdolmetschung oder die Möglichkeit schriftlicher Rückmeldungen. Technologische Veränderungen sind nur dann wirksam, wenn alle Beschäftigten, unabhängig von Vorerfahrungen oder Unterstützungsbedarf, Schritt halten können.

Die Bedeutung der Sprache wird häufig unterschätzt. Sie ist in digitalen Umgebungen das zentrale Vermittlungsmedium, ob in Menüstrukturen, Anleitungen oder automatisierten Rückmeldungen. Verständlichkeit umfasst weit mehr als korrekte Grammatik. Erforderlich sind kurze Sätze, präzise Begriffe, übersichtliche Gliederungen und eine konsistente Navigation. In manchen Kontexten sind Leichte Sprache, unterstützende Piktogramme oder klare Layouts sinnvoll. Entscheidend ist, dass sprachliche Gestaltung mit verschiedenen Nutzergruppen abgestimmt wird.

Auch Schnittstellen spielen eine Schlüsselrolle. Viele Einrichtungen arbeiten heute mit vernetzten Systemen, die Informationen zwischen Plattformen übertragen. Ob diese Übergänge nahtlos und verständlich sind, entscheidet häufig über die tatsächliche Zugänglichkeit. Adaptive Schnittstellen, die wählbare Anzeigeformate, verschiedene Eingabemethoden oder personalisierte Profile ermöglichen, bauen nicht nur Barrieren ab, sondern verbessern zugleich die Nutzererfahrung.

Zugänglichkeit hängt zudem von begleitenden Strukturen ab. Selbst eine technisch barrierefreie Infrastruktur verliert an Wert, wenn Supportwege kompliziert oder unverständlich sind. Wichtig sind schriftliche Erreichbarkeit des Helpdesks, Rückmeldemöglichkeiten in mehreren Formaten und Supportzeiten, die auch für Teilzeit-, Schicht- und mobile Arbeitskräfte praktikabel sind.

Bestehende Anwendungen lassen sich ebenfalls anpassen. Ergänzende Tools, individuelle Einstellungsmöglichkeiten oder gezielte Unterstützungsangebote können Barrieren abbauen. Voraussetzung ist jedoch, dass Institutionen ihre Systeme regelmäßig prüfen, Hindernisse benennen und bereit sind, auch über Mindeststandards hinaus Verbesserungen umzusetzen.

Barrierefreie Prozessgestaltung ist nicht allein eine technische, sondern auch eine strategische Führungsaufgabe. Wer Technik einführt, ohne organisatorische Rahmenbedingungen mitzudenken, riskiert das Scheitern selbst gut gemeinter Lösungen. Leitungsverantwortliche sollten Barrierefreiheit nicht delegieren, sondern als Teil ihrer strategischen Verantwortung begreifen. Dazu gehört, Entscheidungswege transparent zu machen, Ressourcen bereitzustellen, Rückmeldungen zu ermöglichen und sich selbst an Maßstäben inklusiver Kommunikation messen zu lassen. Wird Zugänglichkeit als gemeinsame Verantwortung verstanden, entsteht ein Klima, in dem Inklusion zur Selbstverständlichkeit wird.

Hindernisfreier Zugang ist kein Endzustand, sondern ein fortlaufender Entwicklungsprozess. Er gelingt, wenn Organisationen bereit sind, Abläufe aus unterschiedlichen Blickwinkeln zu prüfen, digitale Werkzeuge flexibel zu gestalten und diese kontinuierlich weiterzuentwickeln. In einer Zeit, in der KI-Systeme zunehmend Entscheidungen beeinflussen, ist dies nicht nur wünschenswert, sondern unverzichtbar.

3.4 Feedback, Beschwerde und Evaluation als Lerninstrumente

Inklusion ist kein fester Zustand, der mit einer einzelnen Maßnahme erreicht und anschließend abgeschlossen werden könnte. Sie ist ein fortlaufender Prozess, der kontinuierliche Rückmeldungen, kritische Selbstreflexion und die Fähigkeit zu strukturellem Lernen verlangt. Einrichtungen, die Künstliche Intelligenz barrierefrei, zugänglich und partizipativ gestalten wollen, müssen Räume schaffen, in denen Erfahrungen offen geteilt, Kritik geäußert und Verbesserungsmöglichkeiten sichtbar werden. Feedback, Beschwerden und Evaluation sind in diesem Zusammenhang keine Störungen, sondern unverzichtbare Bausteine einer inklusiven Entwicklungskultur.

Feedback zeigt auf, wie sich Abläufe, Systeme oder Entscheidungen aus Sicht der Nutzenden auswirken. Dabei geht es nicht nur um technische Hinweise zur Bedienbarkeit, sondern auch um Erfahrungen mit internen Strukturen und Beteiligungsmöglichkeiten. Besonders wertvoll sind Stimmen, die in etablierten Entscheidungsprozessen sonst kaum vorkommen, etwa von Menschen mit Behinderungen oder mit mehrfachen Diskriminierungserfahrungen. Sie machen Barrieren sichtbar, die anderen entgehen, und liefern Impulse für gerechtere Lösungen.

Damit Rückmeldungen Wirkung entfalten, müssen sie systematisch organisiert sein. Gelegenheiten dazu dürfen nicht vom Zufall abhängen. Regelmäßige Erhebungen, anonyme Rückkanäle, niedrigschwellige Beteiligungsformate und feste Feedbackschleifen tragen dazu bei, kontinuierlich unterschiedliche Perspektiven einzubeziehen. Zugänglichkeit ist dabei entscheidend. Klare Sprache, barrierefreie Technik und geringe Anforderungen an Vorwissen oder Ausdrucksfähigkeit schaffen die Voraussetzungen. Rückmeldungen müssen jederzeit möglich sein und ohne Angst vor negativen Konsequenzen geäußert werden können.

Beschwerdemanagement wird häufig unterschätzt. Während Feedback oft Verbesserungsvorschläge enthält, benennt eine Beschwerde konkrete Benachteiligungen oder erlebte Diskriminierung. Gerade bei KI-Systemen, automatisierten Entscheidungen oder digitalen Arbeitsumgebungen können Beschwerden wertvolle Hinweise auf blinde Flecken oder ungewollte Ausschlüsse geben.

Ein inklusives Beschwerdeverfahren versteht Kritik nicht als Angriff, sondern als Ausdruck von Beteiligung und Selbstwirksamkeit. Beschwerden machen sichtbar, wo Inklusion scheitert oder wo bestehende Strukturen angepasst werden müssen. Voraussetzung dafür ist ein transparentes, zugängliches und nachvollziehbares Verfahren, das ergebnisoffen arbeitet, von qualifizierten Personen begleitet wird und Rückmeldungen an die beschwerdeführenden Personen einschließt. Ebenso wichtig ist ein verlässlicher Schutz vor negativen Folgen.

Evaluation ergänzt Feedback und Beschwerden durch eine strukturierte Analyse. Sie prüft, ob Ziele erreicht wurden, ob Maßnahmen wirksam sind und ob Lücken zwischen Absicht und Wirkung bestehen. Im Kontext inklusiver Digitalisierung können verschiedene Ebenen betrachtet werden, von der Qualität barrierefreier Gestaltung über die Reichweite von Beteiligungsformaten bis hin zur tatsächlichen Nutzung von KI-Anwendungen durch unterschiedliche Gruppen.

Eine inklusive Evaluation bindet Betroffene aktiv ein. Sie werden nicht nur befragt, sondern können als Ko-Forschende oder beratende Gremienmitglieder mitwirken. Die Methoden müssen sich an den jeweiligen Bedürfnissen orientieren, etwa durch visuelle, auditive oder sprachlich vereinfachte Formate, durch unterstützte Kommunikation oder durch Beobachtungen im Nutzungskontext. Reine Zahlen reichen nicht aus. Entscheidend sind auch die Geschichten, Erfahrungen und Bedeutungen, die verdeutlichen, wo Teilhabe gelingt und wo nicht.

Der lernorientierte Einsatz dieser drei Instrumente setzt eine Haltung voraus, die Offenheit, Vertrauen und Veränderungsbereitschaft einschließt. Rückmeldungen dürfen nicht als persönliche Angriffe verstanden werden, sondern müssen als Hinweise auf strukturelle Spannungen wahrgenommen werden. Inklusion entsteht nicht durch individuelle Spitzenleistungen, sondern durch gemeinsames Lernen.

Besonders wirksam ist dieser Ansatz, wenn Feedback, Beschwerde und Evaluation miteinander verknüpft werden. Erkenntnisse aus der Evaluation können Beschwerdeverfahren verbessern, Hinweise aus dem Feedback können Beteiligungsformate weiterentwickeln. Digitale Tools, die barrierefrei und transparent gestaltet sind, können diese Prozesse zusätzlich unterstützen. Ausschlaggebend bleibt jedoch der Wille, aus den Erkenntnissen Konsequenzen zu ziehen.

Institutionen, die Rückmeldeschleifen ernst nehmen, zeigen damit Stärke. Sie verstehen sich als lernende Systeme, teilen Verantwortung und entwickeln sich stetig weiter. Gerade im Umgang mit KI, deren Wirkungen oft schwer vorhersehbar sind, bietet diese Haltung Schutz vor Einseitigkeit und wird zum Motor für gerechte Entwicklungen.

Feedback, Beschwerde und Evaluation sind somit tragende Säulen inklusiver Prozessgestaltung. Sie ermöglichen nicht nur Überprüfung, sondern auch die Weiterentwicklung von Teilhabe. Richtig eingesetzt, werden sie zu praxisnahen und dialogorientierten Werkzeugen einer intelligenten Inklusion.

Haltung, Führung, Verantwortung und Kulturwandel 4

4.1 Führungsverantwortung für eine inklusive Zukunft

Führung ist nicht nur eine Funktion, sondern eine gelebte Praxis. Sie prägt das Klima einer Organisation, setzt Impulse, ermöglicht Entwicklung und entscheidet darüber, ob Inklusion tragfähig wird oder an der Oberfläche bleibt. Im Zuge der digitalen Transformation und des Einsatzes Künstlicher Intelligenz verändert sich die Rolle von Führung. Kontrolle tritt zurück, Ermöglichung von Teilhabe gewinnt an Bedeutung. Entscheidend ist nicht nur, welche Veränderungen erfolgen, sondern wie diese gestaltet, kommuniziert und langfristig verankert werden.

Inklusive Führung übernimmt Verantwortung für Ergebnisse ebenso wie für Beziehungen. Sie baut Vertrauen auf und schafft Räume, in denen Unsicherheit, Widerspruch und Erfahrungen jenseits etablierter Normen Platz finden. Gerade im Umgang mit neuen Technologien ist Orientierung gefragt, nicht bloße Vorgabe. Es braucht klare Rahmenbedingungen, in denen Fragen willkommen sind, Zweifel ausgesprochen werden dürfen und unterschiedliche Perspektiven Gehör finden.

Die Grundlage hierfür bildet psychologische Sicherheit. Gemeint ist ein Klima, in dem Menschen ihre Gedanken äußern können, ohne Sanktionen oder Ausschluss befürchten zu müssen. Teams mit hoher psychologischer Sicherheit lernen schneller, kooperieren besser und sind innovativer. Führungskräfte setzen hierfür den Ton, gestalten Kommunikationsräume und legitimieren Vielfalt als Ressource.

Ebenso wichtig sind Klarheit und Verlässlichkeit. Unsicherheit entsteht häufig dadurch, dass unklar bleibt, wie Inklusion definiert wird, wer beteiligt ist und wie Konflikte bearbeitet werden. Führungspersonen sind gefordert, Orientierung

© Der/die Autor(en), exklusiv lizenziert an Springer-Verlag GmbH, DE, ein Teil von Springer Nature 2025
A. Lübken und M. Wiemer, *KI-Führungskultur und Prozessmanagement,* essentials, https://doi.org/10.1007/978-3-662-72356-2_4

23

zu geben, ohne Vielfalt zu vereinheitlichen. Gefordert ist nicht die Durchsetzung einer endgültigen Definition, sondern die gemeinsame Klärung im Team, welche Bedeutung Inklusion im jeweiligen Arbeitskontext hat und welche konkreten Praktiken daraus folgen.

In der Praxis bedeutet dies, Spannungen auszuhalten. Digitalisierung verspricht Effizienz und Tempo, inklusive Prozesse erfordern Zeit, Beteiligung und Reflexion. Führung heißt in diesem Zusammenhang, Prioritäten transparent zu setzen, Ressourcen nachvollziehbar zu verteilen und Erwartungen realistisch zu steuern. Vertrauenswürdig wird dies vor allem durch begründete Entscheidungen, durch sichtbares Zuhören und durch das Benennen eigener Grenzen, nicht durch die Erfüllung aller Wünsche.

Inklusive Haltung beginnt bei der Selbstreflexion. Welche Bilder von Leistung, Normalität und Professionalität prägen das eigene Handeln? Welche unbewussten Maßstäbe fließen in Bewertungen von Verhalten, Ausdruck oder Tempo ein? Welche Routinen benachteiligen bestimmte Gruppen? Wer Privilegien erkennt, blinde Flecken benennt und Bedingungen für Teilhabe aktiv gestaltet, ermöglicht Inklusion.

Führung ist dabei kein Einzelprojekt. Sie benötigt Rückhalt, Austausch und kollektives Lernen. Hilfreich sind Formate, in denen Leitungskräfte Erfahrungen und Dilemmata offen besprechen können, ohne Leistungsdruck, Rechtfertigungszwang oder Hierarchiedenken. Organisationen, die solche Reflexionsräume etablieren, investieren in Qualität und Nachhaltigkeit und schaffen damit Konsistenz im Wandel.

Ein weiterer Schlüssel ist eine lernorientierte Fehlerkultur. Wo Fehler vermieden, verdeckt oder weitergegeben werden, stagnieren Entwicklung und Inklusion. Notwendig sind Führungspersonen, die Irritationen zulassen, Feedback einholen und eigene Fehlentscheidungen transparent machen. Dies gilt besonders im Umgang mit KI-Systemen, deren Wirkungen nicht immer vorhersehbar sind. Fehlerfreundlichkeit ist kein Ausdruck von Schwäche, sondern ein Zeichen reifen Führungsverständnisses.

Eine inklusive Zukunft lässt sich nicht verordnen, aber gestalten. Die Managementebene schafft die Voraussetzungen, damit Vielfalt gehört, Differenz anerkannt und Teilhabe real wird. Verantwortung zeigt sich weniger im Erreichen von Zielen als in der Art, wie diese verfolgt, wie Menschen einbezogen und wie Entscheidungen legitimiert werden. Vertrauen, Klarheit und Haltung sind dabei keine individuellen Tugenden allein, sondern kollektive Praktiken, die Organisationen nachhaltig prägen.

4.2 Kultur des Lernens und der Selbstreflexion stärken

Inklusion ist kein fertiges Produkt, sondern ein fortlaufender Entwicklungsprozess unter Bedingungen von Ungewissheit, Wandel und Unvollständigkeit. Einrichtungen, Unternehmen und Verwaltungen, die sie ernst nehmen, akzeptieren diesen Prozess und schaffen eine Kultur, die Lernen und Selbstprüfung nicht als Belastung, sondern als Ressource begreift. Im Kontext digitaler Transformation und neuer Technologien wird diese Haltung zur Voraussetzung für soziale Gerechtigkeit. Wer nicht bereit ist zu lernen, handelt kaum fair. Und wer sich nicht reflektiert, wird Teil von Strukturen, die andere ausschließen.

Eine lernende Organisation erkennt an, dass Wissen niemals abgeschlossen ist. Entwicklung wird nicht als lineare Fortschrittsbewegung verstanden, sondern als Prozess mit Rückschritten, Umwegen, Zweifeln und Korrekturen. Wissen bleibt vorläufig. Das gilt besonders im Umgang mit KI-Systemen. Algorithmische Entscheidungen sind nicht immer vorhersehbar, viele Effekte werden erst in der Anwendung sichtbar. Daher braucht es eine Kultur, die Nichtwissen aushält, ohne Tabuisierung oder Verdrängung, und die Wechselwirkungen zwischen Technik, Menschen und Organisationseinheiten bewusst beobachtet.

Wer gestaltet, muss mit Irritationen, Widerständen und Missverständnissen rechnen. Gut gemeinte Entscheidungen können unbeabsichtigt ausschließen. Systeme, die als barrierefrei geplant wurden, können sich in der Nutzung als unzugänglich erweisen. Rückmeldungen von Betroffenen machen Aspekte sichtbar, die zuvor übersehen wurden. Entscheidend ist, wie eine Organisation damit umgeht. Wird Kritik als Angriff abgewehrt oder als Signal zur Verbesserung genutzt? Eine lernorientierte Fehlerkultur sucht die Ursachen nicht berücksichtigter Faktoren, macht Annahmen transparent und leitet Korrekturen ein.

Führungskräfte übernehmen hier eine Vorbildfunktion. Wer zugibt, etwas übersehen zu haben, signalisiert, dass Lernen erlaubt ist. Wer Rückmeldungen aktiv einholt und ernst nimmt, macht deutlich, dass Veränderung gewollt ist. Und wer mit eigenen Fehleinschätzungen transparent umgeht, schafft Vertrauen in die Möglichkeit gemeinsamen Wachsens.

Ein wesentlicher Bestandteil einer Lernkultur ist die institutionalisierte Selbstreflexion. Sie geht über individuelle Nachdenklichkeit hinaus und wird zu einem kollektiven Prozess. Reflexion bedeutet in diesem Zusammenhang, systematisch zu prüfen, welche Wirkungen Entscheidungen, Abläufe oder Kommunikationsformen erzeugen und für wen. Dabei geht es nicht um Schuldzuweisungen, sondern um die Analyse von Mustern. Welche Routinen führen dazu, dass bestimmte

Gruppen nicht berücksichtigt werden? Welche Sprachformen und Bewertungskriterien bevorzugen bestimmte Lebensrealitäten? Selbstreflexion bedeutet, diese Muster sichtbar zu machen und daraus Konsequenzen abzuleiten.

Damit Reflexion wirksam wird, braucht es feste Orte, verlässliche Zeiträume und gemeinsam entwickelte Routinen. Geeignet sind Teamsitzungen mit klaren Reflexionsanlässen, dialogische Auswertungen nach Projektphasen, kollegiale Fallberatungen oder moderierte Lernforen für bereichsübergreifende Fragen. Entscheidend ist die Regelmäßigkeit. Spontane Gelegenheiten sind wertvoll, ersetzen aber keine verankerten Strukturen. Wenn Reflexionszeiten in den Jahreszyklus aufgenommen, zeitlich bemessen, dokumentiert und mit Verantwortlichkeiten versehen sind, werden sie zu einem festen Bestandteil organisationaler Entwicklung.

Lernen hat zudem immer eine emotionale Dimension. Neue Einsichten können Verunsicherung auslösen. Das Eingeständnis eigener Benachteiligungen kann Schuldgefühle hervorrufen oder Abwehrreaktionen erzeugen. Solche Dynamiken sind Teil des Prozesses und können gestaltet werden. Entwicklungsorientierte Formate machen Gefühle sichtbar, eröffnen Räume zur Verarbeitung und verbinden fachliche Analyse mit emotionaler Unterstützung. Geeignet sind Supervision, kollegiale Beratung oder moderierte Dialogangebote.

Zeitdruck, hohe Arbeitsdichte und permanente Veränderung erschweren häufig das Innehalten. Wird Inklusion lediglich als Zusatzaufgabe betrachtet, verliert sie an Wirkung. Deshalb braucht es klare Priorisierung durch das Management und die Leitungsebenen. Definierte Zeitfenster, beispielsweise fünf bis zehn Prozent der Arbeitszeit für Reflexion und Lernformate, Budget für Moderation und Qualifizierung sowie Zielvereinbarungen, die Lern- und Verbesserungsarbeit sichtbar honorieren, sind hierfür erforderlich.

Ein System mit einer wachstumsorientierten Haltung begreift Fehler, Ungewissheit und Kritik als Bestandteile seiner Entwicklung. Rückmeldungen werden nicht nur entgegengenommen, sondern methodisch ausgewertet. Beschwerden zeigen Ansatzpunkte für Veränderungen. Vielfalt eröffnet zusätzliche Perspektiven, die in die gemeinsame Arbeit einfließen und Entscheidungsgrundlagen erweitern. So entsteht eine Praxis, in der Erfahrungen, Wissen und Zweifel aller Beteiligten Platz finden. Selbstprüfung, ein forschender Umgang mit Irrtümern und kontinuierliche Reifungsprozesse bilden das Fundament einer partizipativen Unternehmenskultur. Angesichts der Dynamik von Digitalisierung, Automatisierung und gesellschaftlichem Wandel ist eine solche Haltung nicht nur wünschenswert, sondern eine Grundvoraussetzung für Zukunftsfähigkeit.

4.3   Inklusive Führung in der Praxis verankern

Wenn Verantwortliche Teilhabe ernst nehmen, zeigt sich das nicht nur in Leitbildern, sondern im Alltag. Sichtbar wird es in Besprechungen, bei Einstellungen, in Projektentscheidungen oder in der Auswahl digitaler Werkzeuge. Erst dort, wo Offenheit und Vielfalt konkret erlebbar sind, entfaltet Inklusion Wirkung. Der Übergang vom Bekenntnis zur Praxis entscheidet, ob Einbindung gelingt. Einbeziehung betrifft dabei nicht abstrakt alle, sondern sehr konkret Menschen mit Behinderungen, Mitarbeitende mit unterschiedlichen Sprachbiografien, Eltern mit Care-Verpflichtungen oder Beschäftigte aus marginalisierten Communities. Ihre Perspektiven dürfen nicht an spezialisierte Stellen delegiert werden, ihre Integration ist ein Kernmerkmal professioneller Führungsverantwortung.

Teilhabeorientierte Steuerung beginnt mit der Reflexion des eigenen Verständnisses von Macht und Verantwortung. Führungskräfte prägen, ob Organisationen Menschen vor allem als Arbeitskräfte wahrnehmen oder als Subjekte mit unterschiedlichen Voraussetzungen. Daraus ergibt sich die Pflicht, Verschiedenheit nicht nur zu tolerieren, sondern sichtbar zu machen und als Ressource zu nutzen. Dies verändert den Blick auf Aufgabenverteilung. So kann etwa in Projektleitungen bewusst darauf geachtet werden, dass nicht immer dieselben Personen Protokolle schreiben, Präsentationen halten oder Kontakte nach außen übernehmen, sondern dass alle die Chance auf Sichtbarkeit erhalten.

Ob sich Mitarbeitende tatsächlich einbezogen fühlen, hängt wesentlich davon ab, ob ihre Stimmen Gehör finden. In der Praxis bedeutet dies, Sitzungen so zu gestalten, dass auch Personen teilnehmen können, die auf Gebärdensprachdolmetschung oder Screenreader angewiesen sind. Rückmeldungen müssen nicht ausschließlich mündlich, sondern auch schriftlich oder digital möglich sein. Moderationen tragen Verantwortung dafür, dass nicht nur die Lautesten sprechen, sondern auch zurückhaltendere Stimmen aktiv einbezogen werden. Kommunikation wird so zu einer Praxis des Respekts, die vom Gegenüber her gedacht ist und nicht von einer vermeintlichen Norm.

Teilhabe bleibt unverbindlich, solange nicht klar ist, wer sie fördert und wer sie verantwortet. Ein eindeutiges Mandat schafft Orientierung. Führungskräfte tragen die Verantwortung dafür, dass Auswahlverfahren barrierefrei sind, dass Menschen mit unterschiedlichen Hintergründen in Projektplanungen einbezogen werden und dass bei der Einführung neuer Software auch Nutzende berücksichtigt werden, die Assistenztechnologien einsetzen. Teilhabe wird so nicht als Sonderthema, sondern als reguläre Gestaltungsaufgabe verstanden.

Damit dieses Mandat wirksam wird, sind unterstützende Prozesse und Instrumente erforderlich. Dazu gehören Leitfäden für inklusive Teamgespräche, Reflexionshilfen für Führungssituationen mit Diversitätsbezug oder Entscheidungsmatrizen, die helfen, mögliche Benachteiligungen frühzeitig zu erkennen. Kollegiale Beratung und Supervision bieten die Möglichkeit, Routinen kritisch zu hinterfragen. Strukturelle Verbindlichkeit entsteht zudem, wenn Zielvereinbarungen nicht allein Effizienz betonen, sondern Diversität, Barrierefreiheit und Empowerment als Kriterien aufnehmen. Auf diese Weise wird Teilhabe in die Organisation eingeschrieben und nicht dem Engagement Einzelner überlassen.

Ein weiterer Hebel zur Verankerung von Partizipation liegt in der Gestaltung interner Prozesse. Beteiligungsverfahren sollten die Leitungsebene gezielt in die Verantwortung nehmen und marginalisierte Perspektiven ausdrücklich einbeziehen. Bei der Einführung digitaler Systeme gilt es sicherzustellen, dass nicht nur die Technik erklärt wird, sondern dass Teilhabemöglichkeiten in allen Facetten berücksichtigt werden. Auch Zielvereinbarungen sollten diese Aspekte ausdrücklich als Bestandteil von Führungsleistungen definieren. Auf diese Weise entstehen klare Erwartungen und verbindliche Strukturen.

Auch die Personalentwicklung spielt eine zentrale Rolle. Die Haltung der Leitung einer Einrichtung wird nicht nur durch Überzeugungen geprägt, sondern ebenso durch Kompetenzen. Dazu gehören kommunikative Fähigkeiten, Sensibilität für Ausschlussmechanismen, Kenntnisse der gesetzlichen Grundlagen und die Fähigkeit, komplexe Interessenslagen zu moderieren. Inklusion ist erlernbar, jedoch nur, wenn Organisationen Lernräume eröffnen. Erforderlich sind Fortbildungen, Qualifizierungsprogramme und Entwicklungspfade, die dieses Thema ausdrücklich berücksichtigen. Es reicht nicht, einzelne Fachpersonen zu schulen. Entscheidend ist, dass Führung in ihrer Gesamtheit inklusionsfähig gemacht wird.

Praxisnahe Impulse schlagen hier eine Brücke zwischen Anspruch und Alltag. Denkbar sind regelmäßige Inklusionsbriefings für Führungskräfte mit konkreten Anregungen, Beispielen oder Reflexionsfragen. Ebenso hilfreich ist es, gelungene Ansätze durch interne Kommunikation sichtbar zu machen, etwa in Form von Interviews, Fallberichten oder thematischen Schwerpunkten. Erfolgsgeschichten wirken motivierend, schaffen Orientierung und fördern Identifikation mit dem Thema.

Von besonderer Bedeutung ist, dass inklusive Einbindung nicht als zusätzliche Belastung empfunden wird, sondern als Bestandteil guter Führung. Organisationen können dies unterstützen, indem sie Prioritäten gemeinsam definieren, Belastungen realistisch einschätzen und Führungspersonen nicht allein lassen. Inklusion bleibt ein gemeinsames Projekt. Führungspersonen sind nicht die alleinigen Verantwortlichen, sie sind jedoch richtungsweisend. Ihre Haltung, ihre

Entscheidungen und ihr Verhalten prägen maßgeblich, ob eine Organisation gerecht, lernfähig und teilhabeorientiert ist.

Inklusive Führung wird dann wirksam, wenn sie konsequent gestaltet und strukturell verankert ist. Sie beschränkt sich nicht auf situative Reaktionen, sondern verbindet Haltung, Handlung und Organisation. Sichtbar wird sie in Gesprächen, in Entscheidungen, in Priorisierungen und im Umgang mit Unsicherheit. Ihre Wirkung reicht über das eigene Handeln hinaus, indem sie Räume schafft, in denen andere sich einbringen und entfalten können.

4.4 Umgang mit Ambivalenz und institutionellem Widerstand

Veränderungen in Richtung Inklusion verlaufen selten konfliktfrei. Sie stellen Routinen infrage, durchbrechen gewohnte Abläufe und konfrontieren Institutionen mit ihrer eigenen Geschichte der Ausgrenzung. Wo Wandel eingefordert wird, entstehen Unsicherheiten. Wo Vielfalt ernst genommen werden soll, zeigen sich Spannungen. Und wo Machtverhältnisse benannt werden, tritt Widerstand zutage. Ein partizipationsorientiertes Management benötigt deshalb nicht nur Haltung und Mut, sondern auch die Fähigkeit, mit Mehrdeutigkeit und Vorbehalten konstruktiv zu arbeiten. Wer Ambivalenz nicht als Scheitern, sondern als normale Begleiterscheinung von Transformation versteht, kann Zugehörigkeit nachhaltig im Alltag verankern.

Ambivalenz ist in inklusiven Veränderungsprozessen allgegenwärtig. Effizienz trifft auf Gerechtigkeit, Innovationsdruck auf Sicherheitsbedürfnisse, der Wunsch nach Klarheit auf die Realität widersprüchlicher Erwartungen. Gefragt ist nicht die schnelle Lösung, sondern die Kompetenz, Spannungen auszuhalten, sie sichtbar zu machen und gemeinsam Wege im Umgang damit zu finden. Diversitätssensible Steuerung verschweigt Gegensätze nicht, sondern benennt sie und schafft Räume, in denen unterschiedliche Sichtweisen wahrgenommen und bearbeitet werden können, ohne vorschnelle Vereinheitlichung.

Vorbehalte äußern sich in vielen Formen: Als offener Protest, als stilles Zögern, als passiver Rückzug oder als gezielte Blockade. Sie bedeuten nicht zwangsläufig Ablehnung gegenüber Beteiligung, sondern entstehen häufig aus Unsicherheit, aus fehlender Mitwirkung oder aus erlebter Ungerechtigkeit. Wer Veränderung gestalten will, sollte solche Reaktionen nicht pathologisieren, sondern als Hinweise verstehen. Sie verweisen auf Ängste, Konfliktlinien und blinde Flecken. In ihnen liegen wertvolle Informationen für die weitere Entwicklung.

Ziel ist daher nicht ein rascher Konsens, sondern eine ehrliche Auseinandersetzung.

Beziehungen spielen dabei eine zentrale Rolle. Menschen wehren sich selten gegen Ideen an sich, sondern gegen Strukturen oder Entscheidungsebenen, denen sie nicht vertrauen. Wird Leitung als autoritär, intransparent oder distanziert erlebt, verstärken sich Rückzug und Widerstand. Wo Vertrauen besteht, Kommunikation offen verläuft und Beteiligung spürbar ermöglicht wird, lassen sich kritische Reaktionen hingegen produktiv bearbeiten. Verantwortliche investieren deshalb kontinuierlich in Beziehungspflege, nicht um Widerstand um jeden Preis aufzulösen, sondern um gemeinsame Entwicklung auf eine tragfähige Basis zu stellen.

Hilfreich ist zudem aktives Zuhören. Wer sich nur mit Zustimmenden umgibt, übersieht Warnsignale. Beteiligungsprozesse gewinnen an Qualität, wenn skeptische und verunsicherte Stimmen ausdrücklich einbezogen werden. Dies bedeutet nicht, allen Forderungen nachzugeben. Entscheidend ist, dass Einwände gehört, geprüft und nachvollziehbar beantwortet werden. Leitungspersonen, die Kritik nicht defensiv, sondern mit echtem Interesse aufnehmen, signalisieren Offenheit und vermitteln Sicherheit: Spannungen dürfen bestehen, ohne dass zentrale Werte aufgegeben werden.

Widerstand entsteht auch, wenn Veränderungen als Bedrohung wahrgenommen werden, etwa durch den Verlust von Privilegien, Einfluss oder gewohnten Abläufen. In hierarchisch geprägten Organisationen werden Machtverschiebungen besonders sensibel registriert. Der Fokus auf bisher ausgeschlossene Gruppen kann diesen Eindruck noch verstärken. Erforderlich sind daher Führungspersonen, die Macht nicht als Besitz, sondern als Verpflichtung verstehen. Sie erläutern, warum Veränderungen notwendig sind, wie Beteiligung organisiert wird und welche Rolle verschiedene Akteure übernehmen können. Transparenz, verlässliche Kommunikationsangebote und eine klare Positionierung schaffen Vertrauen und reduzieren Unsicherheit.

Damit dieser Ansatz tragfähig wird, sind unterstützende Strukturen notwendig. Einzelne Führungspersonen können die Spannungsarbeit nicht allein leisten. Organisationen, die Zugehörigkeit ernst nehmen, schaffen Foren für Austausch, Formate kollegialer Beratung, Supervision und Konfliktmoderation. Solche Angebote erhalten Rückendeckung durch die Leitungsebene. Geschützte Reflexionsräume ermöglichen es, Unsicherheiten und Zweifel anzusprechen und zu bearbeiten. Auf diese Weise entsteht eine Kultur, die aus Irritationen lernt, statt sie zu individualisieren.

Entlastend wirkt zudem ein iteratives Vorgehen. Veränderungen werden schrittweise gestaltet, über Pilotprojekte, kleinere Interventionen, gemeinsame

Auswertungen und flexible Anpassungen. So sinkt der Druck, und Entwicklung wird handhabbar. Beteiligung wird damit nicht zu einem einmaligen Maßnahmenpaket, sondern zu einem kontinuierlichen Prozess. Diese Prozesslogik nimmt den Anspruch auf Perfektion, macht Fortschritte sichtbar und erlaubt es, Fehler als Quelle neuer Erkenntnisse zu nutzen.

Ein beteiligungsorientiertes Management versteht Vorbehalte nicht als Feinde, sondern als Bestandteile des Systems. Sie können genutzt werden, um Positionen zu schärfen, übersehene Aspekte sichtbar zu machen und Maßnahmen anzuregen, ohne die Richtung zu verlieren. Beteiligung ist keine beliebige Option, sondern Ausdruck eines normativen Anspruchs auf Gerechtigkeit und Zugang. Dieser Anspruch muss vertreten werden. Die Kunst liegt darin, dies dialogisch zu tun, nicht autoritär. Das bedeutet, Positionen klar zu formulieren, ohne auszugrenzen, und Veränderung zu ermöglichen, ohne zu überfordern.

In Zeiten, in denen digitale Technologien, gesellschaftliche Erwartungen und institutionelle Rahmenbedingungen sich permanent wandeln, wird der souveräne Umgang mit Mehrdeutigkeit und Widerstand zu einer Schlüsselkompetenz. Führungspersonen, die diese Fähigkeit entwickeln, tragen dazu bei, dass Beteiligung nicht an Reibungen scheitert. Gerade durch den bewussten Umgang mit Ambivalenz entsteht die Chance, neue Perspektiven zu erschließen, tragfähige Lösungen zu entwickeln und soziale Gerechtigkeit im organisatorischen Alltag zu verankern.

Nachhaltig verändern durch Struktur und Zusammenarbeit 5

5.1 Von Pilotprojekten zur strukturellen Verankerung

Erprobungsprojekte sind wertvolle Ausgangspunkte für Wandel. Sie erzeugen Aufmerksamkeit, mobilisieren Ressourcen und eröffnen die Möglichkeit, neue Ansätze risikobegrenzt zu erproben. Gerade im Bereich digitaler Barrierefreiheit bilden Pilotphasen häufig den ersten Schritt, um abstrakte Ziele in greifbare Praxis zu übersetzen. Ein Projekt, das etwa den Einsatz screenreaderkompatibler Software erprobt oder Videokonferenzen mit automatischer Gebärdensprachübersetzung testet, zeigt nicht nur technische Machbarkeit, sondern macht auch sichtbar, wo bestehende Systeme Menschen nicht berücksichtigen. Solche Versuche schaffen Erfahrungswissen, auf das Organisationen später zurückgreifen können. Ihr Potenzial bleibt jedoch begrenzt, wenn die Ergebnisse nicht in dauerhafte Routinen, klare Zuständigkeiten und verbindliche Standards überführt werden. Nachhaltigkeit entsteht erst, wenn aus punktuellen Impulsen feste Strukturen wachsen.

Der Übergang von der Projektphase zur Verstetigung ist dabei ein kritischer Moment. Viele Initiativen scheitern nicht an der Idee, sondern daran, dass sie nicht in die bestehende Organisationslogik eingebettet werden. Selbst hoch motivierte Teams geraten ins Stocken, wenn Mittel auslaufen, Zuständigkeiten wechseln oder andere Prioritäten in den Vordergrund treten. Ein typisches Beispiel ist die Entwicklung barrierefreier Webseiten. Solange ein Projektteam daran arbeitet, entstehen sichtbare Fortschritte. Fehlt jedoch eine verbindliche Regelung zur Wartung, gehen Verbesserungen wieder verloren. Deshalb muss schon in der Planungsphase überlegt werden, wie Ergebnisse gesichert, Verantwortlichkeiten

© Der/die Autor(en), exklusiv lizenziert an Springer-Verlag GmbH, DE, ein Teil von Springer Nature 2025

A. Lübken und M. Wiemer, *KI-Führungskultur und Prozessmanagement,* essentials, https://doi.org/10.1007/978-3-662-72356-2_5

geklärt und Weiterentwicklungen ermöglicht werden. Beteiligung darf nicht am Zufall persönlicher Initiative hängen, sondern braucht institutionelle Absicherung.

Die Anerkennung durch die Organisationsebene ist hierfür unverzichtbar. Erprobungsprojekte benötigen Legitimation von oben, sonst bleiben sie Randphänomene. Ergebnisse müssen dokumentiert, ausgewertet und in Strategiepapieren, Zielvereinbarungen oder Richtlinien verankert werden. Wenn ein Pilotprojekt etwa zeigt, dass Schulungen zur digitalen Barrierefreiheit die Nutzungsquote interner Tools deutlich erhöhen, sollte dieses Wissen in die Personalentwicklung aufgenommen werden, nicht als einmaliges Angebot, sondern als fester Bestandteil von Weiterbildungsprogrammen.

Strukturelle Verankerung bedeutet zudem, Verantwortung klar zuzuweisen. Zu oft hängt der Erfolg an einzelnen engagierten Personen, die Projekte nebenbei stemmen. Sobald diese die Organisation verlassen oder ihre Aufgaben wechseln, erlahmt der Prozess. Dauerhafte Wirkung entsteht erst, wenn feste Rollen, Gremien oder Arbeitsgruppen eingerichtet werden, die sich mit barrierefreier Digitalisierung befassen. Solche Gremien müssen mit Ressourcen und Entscheidungsbefugnissen ausgestattet sein, sonst bleibt ihr Einfluss symbolisch.

Ebenso wichtig sind Dokumentation und Wissenstransfer. Ergebnisse müssen so gesichert werden, dass andere darauf aufbauen können. Dazu gehören praxisnahe Checklisten, Entscheidungsgrundlagen und Best-Practice-Sammlungen. Interne Datenbanken oder Lernplattformen stellen sicher, dass erworbenes Wissen nicht mit dem Projektabschluss verschwindet, sondern in andere Abteilungen hineinwirkt. Eine Organisation, die eine barrierefreie E-Learning-Plattform erprobt, sollte die Erkenntnisse nicht isoliert belassen, sondern für künftige Digitalprojekte nutzbar machen.

Besonders wirksam ist es, Pilotprojekte in Lernzyklen einzubetten. Anstatt sie als abgeschlossene Episoden zu betrachten, werden sie evaluiert, in Folgeprojekte überführt und schrittweise in Standards verwandelt. So entsteht eine Dynamik, in der jedes Projekt zum Ausgangspunkt weiterer Entwicklungen wird. Ein Pilotversuch mit Untertiteln in internen Videos kann beispielsweise zunächst ausgewertet, anschließend auf externe Kommunikation ausgeweitet und schließlich in der gesamten Organisation verpflichtend verankert werden. Auf diese Weise wird Teilhabe nicht nur erprobt, sondern Schritt für Schritt strukturell verankert.

Kooperationen verstärken diesen Prozess. Werden Projekte in Zusammenarbeit mit Hochschulen, Verbänden oder Selbstvertretungsorganisationen durchgeführt, bringen diese Partner Expertise, Legitimation und kritische Perspektiven ein. Besonders wertvoll ist, wenn die Kooperation über die Projektphase hinaus Bestand hat. Ein Verband von Menschen mit Behinderungen kann nicht nur bei einem Pilotprojekt beraten, sondern auch die Implementierung begleiten und auf neue

Barrieren hinweisen. So wird Betriebsblindheit vermieden und der Austausch zwischen Organisation und Betroffenen verstetigt.

Auch Kommunikation entscheidet darüber, ob Projekte Wirkung entfalten. Wandel braucht erzählbare Geschichten. Erfolgserlebnisse, Erfahrungsberichte von Mitarbeitenden oder sichtbare Veränderungen im Alltag müssen geteilt und gewürdigt werden. Wenn die Einführung barrierefreier Software nicht nur dokumentiert, sondern auch öffentlich sichtbar gemacht wird, entsteht ein gemeinsames Bewusstsein dafür, dass Inklusion machbar ist und Mehrwert schafft. Dieses Bewusstsein ist eine der stärksten Kräfte, um Veränderungen dauerhaft zu verankern.

Erprobungsphasen sind somit unverzichtbar, aber sie bleiben Episode, wenn sie nicht in dauerhafte Strukturen überführt werden. Organisationen, die Teilhabe langfristig ermöglichen wollen, müssen Ressourcen sichern, Verantwortung verteilen, Wissen bewahren und Prozesse iterativ weiterentwickeln. Nur wenn Impulse in Routinen übergehen, entsteht aus einem Projekt ein Bestandteil des organisationalen Selbstverständnisses.

5.2 Monitoring und Rechenschaft als Steuerungsinstrumente

Der Anspruch, allen Zugang zu ermöglichen, wird häufig in erster Linie als Haltungsfrage verstanden. Er erscheint als ethische Orientierung, die über Kommunikation, Kultur und Führungsstil in eine Organisation einfließt. Diese Perspektive ist unverzichtbar, reicht jedoch nicht aus, um soziale Öffnung dauerhaft wirksam und überprüfbar zu gestalten. Gerade im Zuge digitaler Transformation und des Einsatzes KI-gestützter Verfahren ist eine enge Verbindung von Zielklarheit, Datenerhebung und struktureller Rückkopplung erforderlich. Monitoring und Rechenschaft übernehmen in diesem Zusammenhang die Funktion zentraler Steuerungsinstrumente. Sie machen Fortschritte sichtbar, decken übersehene Aspekte auf und schaffen Klarheit über Verantwortlichkeiten. Ziel ist nicht Kontrolle im engen Sinn, sondern die Förderung organisationaler Lernfähigkeit.

Monitoring umfasst mehr als das bloße Sammeln von Kennzahlen. Gemeint ist eine kontinuierliche Begleitung, die Veränderungen nicht nur registriert, sondern auch deren Wirkung für unterschiedliche Gruppen sichtbar macht. Eine Organisation, die Zugehörigkeit als fortlaufenden Entwicklungsprozess begreift, benötigt Monitoring als festen Bestandteil ihrer Strukturen. Der Fokus liegt dabei nicht allein auf Effizienz, sondern auf der Frage, ob Zugänge geschaffen werden, welche Barrieren fortbestehen und welche Gruppen tatsächlich profitieren.

Dieser Ansatz schließt quantitative ebenso wie qualitative Dimensionen ein. Daten über die Nutzung barrierefreier Systeme oder über die Beteiligung an Mitwirkungsformaten sind ebenso relevant wie Erfahrungsberichte und Rückmeldungen von Menschen mit Behinderungen. Monitoring entfaltet seine Wirkung allerdings nur dann, wenn Indikatoren gemeinsam mit Betroffenen entwickelt und regelmäßig überprüft werden. Standardisierte Messgrößen ohne Kontext bergen das Risiko, neue Ausschlüsse zu erzeugen. Daten werden in einer inklusiven Organisation daher nicht als vermeintlich objektive Fakten betrachtet, sondern als Ausgangspunkt für Aushandlung und Dialog.

Die prozessbegleitende Analyse bedeutet somit mehr als reine Datensammlung. Sie beschreibt die kontinuierliche Beobachtung der Entwicklung inklusiver Abläufe und die systematische Bewertung ihrer Wirkung. In einer Organisation, die den Abbau von Barrieren nicht als einmalige Maßnahme, sondern als fortlaufenden Prozess versteht, ist Monitoring ein integraler Bestandteil der Alltagsstruktur. Entscheidend ist, dass nicht nur festgehalten wird, was sich verändert, sondern auch, wie sich diese Veränderung auswirkt, für wen sie relevant ist und welche Konsequenzen daraus entstehen.

Indikatoren können sowohl quantitative als auch qualitative Aspekte erfassen. Sie reichen von Zahlen zur Nutzung barrierefreier IT über Teilnahmequoten an Beteiligungsformaten bis zu qualitativen Rückmeldungen von Mitarbeitenden. Wichtig bleibt, dass diese Indikatoren partizipativ entwickelt und regelmäßig überprüft werden. Nur so spiegeln sie die Perspektiven derjenigen, die durch inklusives Handeln erreicht werden sollen.

Rechenschaft schließt unmittelbar an Monitoring an. Gemeint ist die Verpflichtung einer Organisation, über Entscheidungen, Entwicklungen und deren Auswirkungen Auskunft zu geben. Inklusion ist ein gesellschaftlicher Auftrag. Deshalb muss nachvollziehbar sein, wie Entscheidungen getroffen, Ressourcen verteilt und Maßnahmen bewertet werden. Rechenschaftspflicht bedeutet in diesem Sinn nicht nur Verantwortung gegenüber externen Stellen, sondern vor allem eine Verpflichtung nach innen. Mitarbeitende, Nutzende, Gremien und Interessensvertretungen müssen erkennen können, wie die Organisation sich zu ihren eigenen Zielen verhält.

Instrumente der Rechenschaft können vielfältig sein. Dazu zählen jährliche Inklusionsberichte, interne Audits, öffentliche Zielvereinbarungen oder regelmäßige Rechenschaftsgespräche in Teams. Entscheidend ist, dass diese Instrumente nicht als bürokratische Pflicht verstanden werden, sondern als Ausdruck von Transformationsfähigkeit. Sie dienen nicht der Rechtfertigung, sondern der Weiterentwicklung. Rechenschaft wird damit zu einem Mittel, Vertrauen zu stärken, Erwartungen zu klären und Verantwortung sichtbar zu machen.

Eine zentrale Rolle spielt die Entwicklung klarer Zielsysteme. Der Anspruch auf Teilhabe darf nicht im Allgemeinen verbleiben, sondern muss konkretisiert werden. Welche Ziele verfolgt die Organisation in Bezug auf Barrierefreiheit, Diversität und Partizipation? In welchen Bereichen sollen Veränderungen erreicht werden? Welche Zwischenziele sind sinnvoll und wie werden sie überprüft? Solche Systeme schaffen Orientierung, nicht nur für Führungspersonen, sondern für alle Beteiligten. Sie ermöglichen es, Fortschritte zu würdigen, Schwierigkeiten zu benennen und Strategien weiterzuentwickeln.

Besonders wirksam werden Rechenschafts- und Monitoringprozesse, wenn sie mit strukturierten Lernzyklen verbunden werden. Erkenntnisse bleiben dann nicht in Berichten, sondern werden in Handlung überführt. Themenkonferenzen, Strategieüberprüfungen oder partizipative Zukunftswerkstätten sind Formate, die sicherstellen, dass Daten gedeutet und für Weiterentwicklung genutzt werden. Monitoring und Rechenschaft sind somit keine Endpunkte, sondern Ausgangspunkte für nachhaltigen Wandel.

Wichtig ist dabei die Balance zwischen Standardisierung und Kontextsensibilität. Verfahren müssen vergleichbar und wiederholbar sein, etwa bei der Erhebung von Barrierefreiheitsdaten oder der Auswertung von Teilhabestatistiken. Gleichzeitig braucht es Kapazitäten für Interpretation und Kontextualisierung. Eine Kultur der Zugehörigkeit ist nie allein messbar, sondern immer auch eine Frage von Erleben, Kommunikation und Beziehung. Deshalb darf Monitoring nicht technokratisch gedacht werden. Es verlangt Expertise, kritisches Nachdenken und eine offene Haltung gegenüber Mehrdeutigkeit.

Unverzichtbar ist zudem die Perspektive der Betroffenen. Wird dieser Prozess ohne die Stimmen jener gestaltet, die von Inklusion profitieren sollen, verfehlt er leicht sein Ziel. Menschen mit Behinderungen, ihre Vertretungen und diversitätssensible Fachpersonen müssen aktiv in die Entwicklung und Auswertung der Verfahren einbezogen werden. Partizipation ist nicht nur Gegenstand, sondern auch Methode inklusiver Steuerung.

Monitoring und Rechenschaft sind keine bloßen Kontrollinstrumente. Sie sind Möglichkeitsräume, die Organisationen helfen, auf Kurs zu bleiben, blinde Flecken zu erkennen und sich selbst kritisch zu überprüfen. In einer Zeit, in der technische Systeme tief in Entscheidungsprozesse eingreifen, gewinnen sie noch an Bedeutung. Sie schaffen Transparenz inmitten algorithmischer Komplexität, ermöglichen Rückbindung inmitten digitaler Dynamik und sichern demokratische Prinzipien inmitten automatisierter Steuerung.

Das Prinzip, Vielfalt selbstverständlich einzubeziehen, wird nur dann dauerhaft, wenn es sichtbar, überprüfbar und verbindlich gestaltet wird. Monitoring und Rechenschaft leisten hierzu einen entscheidenden Beitrag. Sie verwandeln

Prinzipien in Praxis, machen Fortschritte nachvollziehbar und laden zur Mitgestaltung ein. Auf diese Weise bilden sie tragende Säulen einer intelligenten und gerechten Organisationsentwicklung.

5.3   Kooperieren über Organisationsgrenzen hinweg

Einbeziehung ist keine Aufgabe, die eine einzelne Institution allein bewältigen kann. Viele Herausforderungen der digitalen Transformation lassen sich nur durch gemeinsames Lernen, geteilte Verantwortung und sektorübergreifende Zusammenarbeit meistern. Gerade im Bereich technikgestützter Partizipationsprozesse wird deutlich, dass Expertise, Ressourcen und Innovationskraft ungleich verteilt sind. Kooperationen eröffnen hier den notwendigen Raum, um unterschiedliche Perspektiven zu verbinden, blinde Flecken auszugleichen und strukturelle Veränderungen über institutionelle Grenzen hinweg anzustoßen.

Organisationen, die Zugehörigkeit langfristig sichern wollen, profitieren davon, sich zu vernetzen. Dabei geht es nicht allein um den Austausch bewährter Verfahren, sondern ebenso um die gemeinsame Entwicklung neuer Lösungen. Hochschulen bringen wissenschaftliche Analyse und methodische Tiefe ein. Sozialverbände sichern den Zugang zu Betroffenengruppen und vermitteln praktische Erfahrungen. Kommunale Einrichtungen verfügen über Kenntnisse des regulatorischen Rahmens und operativer Herausforderungen. Privatwirtschaftliche Akteure wiederum können technologische Mittel, Skalierungsmöglichkeiten und Innovationskraft einbringen. Diese unterschiedlichen Logiken stellen keine Hindernisse dar, sondern bilden eine Ressource für gerechte Gestaltung.

Voraussetzung für erfolgreiche Zusammenarbeit ist ein gemeinsames Verständnis von Zielen und Verantwortung. Viele Vorhaben scheitern daran, dass unklar bleibt, welche Werteorientierung geteilt wird und wie Mitwirkung konkret gestaltet sein soll. Gerade bei digitalen Inklusionsstrategien ist entscheidend, dass technologische Entwicklung und soziale Wirkung nicht gegeneinander ausgespielt werden. Ausgangspunkt sollte die gemeinsame Überzeugung sein, dass digitale Innovation nur dann legitim ist, wenn sie den gleichberechtigten Zugang verbessert. Dieser Konsens schafft die Grundlage für tragfähige Kooperationen.

Sektorübergreifende Netzwerke können sehr unterschiedlich organisiert sein. Manche sind zeitlich begrenzte Partnerschaften, etwa für die Entwicklung barrierefreier Anwendungen oder für partizipative Studien zum Einsatz von KI in inklusiven Settings. Andere Netzwerke haben langfristigen Charakter, zum Beispiel Verbünde, die regelmäßig Erfahrungen austauschen, gemeinsame Standards entwickeln oder übergreifende Qualifizierungsangebote schaffen. Erfolgreich werden solche Zusammenschlüsse dann, wenn sie nicht nur Expertise bündeln, sondern auch Entscheidungsräume teilen. Kooperation bedeutet in diesem Sinn nicht nur Informationsaustausch, sondern auch gemeinsame Verantwortung.

Ein wesentlicher Faktor gelingender Zusammenarbeit ist die Beteiligung von Betroffenenvertretungen. Nur wenn Menschen mit Behinderungen, ihre Interessenvertretungen und andere marginalisierte Gruppen aktiv einbezogen werden, ist gewährleistet, dass inklusive Prinzipien nicht übergangen werden. Dies erfordert sowohl geeignete Kommunikationsformate als auch die Bereitschaft, Entscheidungsmacht tatsächlich zu teilen. Kooperation ist somit mehr als Arbeitsteilung. Sie ist ein Raum für Aushandlung, für Perspektivwechsel und für geteilte Verantwortung.

Die Frage der Ressourcenverteilung ist dabei zentral. Viele Organisationen verfügen nicht über ausreichende Mittel, um inklusive Entwicklung allein voranzutreiben. Kooperationen können helfen, Fördermittel gemeinsam zu beantragen, Personalressourcen zu teilen oder technische Infrastruktur gemeinsam zu nutzen. Besonders in regionalen oder thematischen Netzwerken entstehen so Synergien, die über die Möglichkeiten einzelner Akteure hinausreichen. Voraussetzung ist jedoch, dass Ressourcen nicht nur gebündelt, sondern auch gerecht verteilt und transparent eingesetzt werden.

Eine weitere Bedingung erfolgreicher Zusammenarbeit ist die Anerkennung unterschiedlicher Logiken. Hochschulen arbeiten anders als Wohlfahrtsverbände, kommunale Träger haben andere Rahmenbedingungen als privatwirtschaftliche Unternehmen. Diese Unterschiede dürfen nicht nivelliert, sondern müssen reflektiert werden. Kooperation gelingt, wenn alle Beteiligten bereit sind, sich auf die Bedingungen der jeweils anderen einzulassen, ohne die eigene Perspektive aufzugeben. Gerade in dieser Auseinandersetzung liegt das Potenzial für neue Lösungen, weil niemand allein entscheiden kann, sondern alle voneinander lernen.

Ebenso wichtig ist die Frage, wie Kooperationen initiiert und gepflegt werden. Netzwerke brauchen verlässliche Ansprechpersonen, klare Kommunikationswege und abgestimmte Strukturen. Gleichzeitig sollten Räume für Spontaneität, informellen Austausch und kreative Entwicklung erhalten bleiben. Ein zu strenger Rahmen kann Innovation hemmen, ein zu offener Rahmen zu Orientierungslosigkeit führen. Erfolgreiche Netzwerke finden eine Balance zwischen Verbindlichkeit und Flexibilität, zwischen Struktur und Offenheit, zwischen Zielorientierung und Prozessqualität.

Kooperationen sind schließlich auch Orte der Selbstvergewisserung. Wer sich mit anderen vernetzt, spiegelt die eigene Praxis, erhält Rückmeldungen und entdeckt neue Perspektiven. Das kann herausfordernd sein, insbesondere wenn Widersprüche zwischen Anspruch und Wirklichkeit sichtbar werden. Doch gerade diese Irritationen machen den Wert von Zusammenarbeit aus. Sie ermöglichen Lernen, fördern Weiterentwicklung und verhindern Selbstzufriedenheit. Für Organisationen, die Inklusion ernsthaft gestalten wollen, sind solche Lernprozesse unverzichtbar.

Sektorübergreifende Zusammenarbeit ist damit kein Selbstzweck. Sie dient der Verbesserung von Beteiligungsmöglichkeiten, der Entwicklung gerechter Strukturen und der Verstetigung partizipativer Praxis. Sie verändert nicht nur Ergebnisse, sondern auch die beteiligten Organisationen selbst. Wer kooperiert, öffnet sich, verlässt vertraute Routinen und stellt sich neuen Blickwinkeln. Diese Bewegung ist nicht immer bequem, aber notwendig. Zugehörigkeit ist kein statischer Zustand, sondern ein gemeinsamer Weg. Und dieser Weg lässt sich nur im Miteinander gehen.

5.4   Nachhaltigkeit als Rahmen intelligenter Inklusion

Nachhaltigkeit ist längst mehr als ein ökologisches Konzept. In Organisationen beschreibt sie die Fähigkeit, soziale, ökonomische und technologische Entwicklungen so zu gestalten, dass sie langfristig tragfähig, gerecht und verantwortungsvoll bleiben. In diesem erweiterten Sinn bietet Nachhaltigkeit einen konzeptionellen Rahmen für barrierefreie und gerechte Digitalisierung. Denn gleichberechtigter Zugang muss Bestand haben, kontinuierlich weiterentwickelt und kritisch reflektiert werden. Nachhaltigkeit und Inklusion sind dabei keine konkurrierenden, sondern sich ergänzende Perspektiven auf Organisationsentwicklung.

Punktuelle Maßnahmen verlieren schnell an Wirkung. Sie schaffen kurzfristige Verbesserungen, ohne Strukturen zu verändern. Nachhaltigkeit fordert dagegen, Einbindung dauerhaft zu sichern, Ressourcen zu stabilisieren und soziale Wirkung zu erhalten. Digitalisierung darf sich deshalb nicht allein an Effizienz oder Innovationskraft messen lassen, sondern muss Barrierefreiheit, Mitwirkung und Repräsentanz einbeziehen. Andernfalls entstehen instabile Strukturen, die zugleich ungerecht sind.

Ein wesentlicher Baustein nachhaltiger Praxis ist die bewusste Ressourcensteuerung. Einrichtungen, die digitale Teilhabe ermöglichen wollen, müssen Zeit, Personal, Technik und Wissen langfristig absichern. Das betrifft nicht nur Projektbudgets, sondern auch feste Stellenanteile für Koordination, Barrierefreiheit, Schulung und Mitwirkungsprozesse. Ressourcenorientierung bedeutet, gezielt dort zu investieren, wo dauerhafte Wirkung erzielt wird. Erforderlich sind klare Prioritäten, strategisches Denken und die Haltung, inklusive Gestaltung als Qualitätsmerkmal zu begreifen.

Nachhaltigkeit zeigt sich auch in der Fähigkeit, soziale Wirkungen zu erfassen. Organisationen benötigen Verfahren, mit denen Maßnahmen bewertet, blinde Flecken erkannt und Veränderungen nachvollziehbar gemacht werden. Technische Kennzahlen allein reichen dafür nicht aus. Entscheidend ist, welche Gruppen tatsächlich einbezogen werden, wer außen vor bleibt und wo digitale Innovation neue Barrieren schafft. Solche Verfahren bilden die Grundlage für Weiterentwicklung und machen Verantwortung überprüfbar.

Verantwortung ist in nachhaltigen Strategien kein abstrakter Begriff, sondern gelebte Praxis. Sie zeigt sich in klaren Zielen, verbindlichen Regelungen und transparenter Kommunikation. Besonders bei der Einführung von KI-Systemen ist entscheidend, wer Verantwortung trägt, wer Entscheidungen trifft und wer die Folgen verantwortet. Nachhaltigkeit bedeutet hier, Verantwortung nicht zu delegieren, sondern sie als gemeinsame Aufgabe der Organisation zu verstehen. Führungspersonen, technische Verantwortliche, Interessenvertretungen und Nutzende sind gleichermaßen einzubeziehen.

Nachhaltige Digitalisierung entfaltet Wirkung über die eigenen Strukturen hinaus. Einrichtungen, die barrierefreie Systeme einführen, partizipative Verfahren etablieren und eine Kultur der Zugehörigkeit fördern, senden Signale aus, prägen Erwartungen und übernehmen Vorbildfunktion. So stärkt nachhaltige Praxis Vertrauen und öffnet Räume für gesamtgesellschaftliche Veränderung. Kooperationen mit Verbänden, Bildungseinrichtungen oder öffentlichen Trägern machen zudem deutlich, dass nachhaltige Entwicklung Vernetzung und geteilte Verantwortung erfordert. Wer isoliert bleibt, wirkt begrenzt, wer sich öffnet, entfaltet Wirkung.

Zukunftsfähige Gestaltung erfordert auch eine innere Haltung. Nachhaltigkeit entsteht nicht allein durch Konzepte oder Ressourcenpläne, sondern durch eine Kultur, die Lernen, Selbstkritik und Reflexion ermöglicht. Sie bedeutet, Begrenzungen anzuerkennen, Irritationen zuzulassen und neue Perspektiven einzubeziehen. Inklusion wird so nicht als abgeschlossener Zustand verstanden, sondern als fortlaufender Prozess, der überprüft und angepasst werden muss.

In diesem Verständnis wird Kontinuität zur verbindenden Klammer intelligenter Inklusion. Nachhaltigkeit verbindet langfristige Orientierung mit sozialer Verantwortung, strukturelle Verankerung mit partizipativer Entwicklung und technische Innovation mit kulturellem Wandel. Wer diesen Rahmen ernst nimmt, gestaltet nicht nur digitale Systeme, sondern auch die Organisation selbst neu. Damit verändern sich zugleich die Bedingungen, unter denen gesellschaftliche Teilhabe Wirklichkeit wird.

Intelligente Inklusion zeigt ihre Kraft erst, wenn sie nicht auf dem Papier verbleibt, sondern im Alltag eingebunden ist. Sie wirkt, wenn Verantwortung geteilt,

Ressourcen klug eingesetzt und soziale Wirkung bewusst gestaltet wird. Sie bleibt zukunftsfähig, wenn Organisationen den Mut haben, sich als lernende Systeme zu begreifen. In dieser Haltung liegt das Potenzial, Wandel gemeinsam zu gestalten.

Dieses Essential ist Teil der neunteiligen Reihe „Inklusion und KI", die grundlegende Bedingungen, Lebenswelten und strategische Ansätze inklusiver Digitalisierung behandelt. Es rückt Organisationen in den Mittelpunkt und zeigt, dass Teilhabe nicht allein von technischen Lösungen abhängt, sondern in Strukturen, Prozessen und Verantwortlichkeiten verankert werden muss. Führungskultur, Beteiligung und Prozessgestaltung sind dabei kein Zusatz, sondern Kern einer gerechten digitalen Transformation. Im Zusammenspiel mit den anderen Essentials wird deutlich, dass Inklusion institutionelle Verantwortung ist. Sie entsteht dort, wo Organisationen Routinen, Machtverhältnisse und Entscheidungswege reflektieren und Veränderung als gemeinsame Aufgabe begreifen.

Was Sie aus diesem *essential* mitnehmen können

- Inklusive Digitalisierung gelingt nicht allein durch Technik, sondern durch Strukturen, Prozesse und Haltungen in Organisationen. Wer Verantwortung für Teilhabe übernehmen will, muss Inklusion zur Querschnittsaufgabe machen.
- Organisationen wirken nicht neutral. Routinen, Machtverhältnisse und Ausschlussmechanismen prägen, wer beteiligt wird und wer außen vor bleibt. Inklusive Veränderung beginnt mit dem Erkennen dieser Dynamiken.
- Inklusive Prozesse brauchen Beteiligung auf Augenhöhe. Leitbilder, Ethikgremien und partizipative Entwicklungsteams sichern nicht nur Legitimität, sondern erhöhen auch die Qualität und Passung technikgestützter Lösungen.
- Führung ist mehr als Steuerung. Sie bedeutet, Orientierung zu geben, Haltung zu zeigen und Räume für Dialog, Unsicherheit und Lernen zu eröffnen. Eine inklusive Kultur entsteht dort, wo Verantwortung geteilt und Vertrauen gestärkt wird.
- Nachhaltigkeit bedeutet, dass Inklusion nicht vom Engagement Einzelner abhängt, sondern in Strukturen verankert ist. Verstetigung, Monitoring, Kooperation und Wirkungstransparenz machen Organisationen zukunftsfähig und sozial verantwortlich.

© Der/die Herausgeber bzw. der/die Autor(en), exklusiv lizenziert an Springer-Verlag GmbH, DE, ein Teil von Springer Nature 2025
A. Lübken und D. Wiemer, *KI-Führungskultur und Prozessmanagement,*
essentials, https://doi.org/10.1007/978-3-662-72356-2

Glossar

Dieses Glossar bietet Erläuterungen zu zentralen Begriffen, die für das Verständnis der Inhalte dieses Essentials hilfreich sind. Die Auswahl orientiert sich an den Themen inklusive Organisationsentwicklung, interne Verantwortung, Beteiligung und nachhaltige Verankerung intelligenter Inklusion. Alle Begriffe sind so formuliert, dass sie auch ohne Vorwissen verständlich sind.

Barrierefreie Organisationsentwicklung beschreibt die Gestaltung von Strukturen, Prozessen und Kommunikationswegen in Organisationen so, dass sie für alle zugänglich, verständlich und mitgestaltbar sind, unabhängig von Einschränkungen, Positionen oder technischen Vorerfahrungen.

Diversitätsorientierte Leitung bezeichnet Führungsstile und Strategien, die Unterschiedlichkeit als Ressource anerkennen. Dazu gehört die bewusste Gestaltung von Teilhabechancen, die Reflexion eigener Machtpositionen und das aktive Einbeziehen marginalisierter Perspektiven.

Ethikgremium Ein institutionalisiertes Beratungsgremium innerhalb von Organisationen, das ethische Fragen technikgestützter Prozesse reflektiert. Es kann Empfehlungen aussprechen, Konflikte analysieren und inklusive Prinzipien im digitalen Wandel absichern.

Governance beschreibt die Art und Weise, wie Verantwortung, Steuerung und Entscheidungsprozesse innerhalb von Organisationen verteilt und wahrgenommen werden. Inklusive Governance achtet auf Transparenz, Beteiligung und Rechenschaft.

© Der/die Herausgeber bzw. der/die Autor(en), exklusiv lizenziert an Springer-Verlag GmbH, DE, ein Teil von Springer Nature 2025
A. Lübken und D. Wiemer, *KI-Führungskultur und Prozessmanagement,*
essentials, https://doi.org/10.1007/978-3-662-72356-2

Inklusion beschreibt das Ziel, allen Menschen unabhängig von individuellen Eigenschaften oder Einschränkungen eine gleichberechtigte Teilhabe an allen gesellschaftlichen Bereichen zu ermöglichen.

Inklusive Leitbilder formulieren die Grundwerte und Zielrichtungen einer Organisation. Ein inklusives Leitbild macht deutlich, dass Teilhabe, Barrierefreiheit und Vielfalt zentrale Prinzipien organisationalen Handelns sind, nicht nur nach außen, sondern auch nach innen.

Intelligente Inklusion verbindet den klugen Einsatz technischer Systeme mit einem verantwortungsbewussten Umgang mit Vielfalt, Teilhabe und Barrierefreiheit. Sie bedeutet, Barrierefreiheit von Beginn an mitzudenken und Technik als Mittel zur Förderung von Teilhabe zu verstehen.

Interne Rechenschaft bezeichnet die Verpflichtung einer Organisation, ihre Ziele, Maßnahmen und Wirkungen in Bezug auf Inklusion offenzulegen. Rechenschaft wird gegenüber Mitarbeitenden, Nutzenden und Gremien übernommen und macht Verantwortung überprüfbar.

Kooperationsverbund Ein Zusammenschluss mehrerer Organisationen, Institutionen oder Verbände mit dem Ziel, Ressourcen zu bündeln, voneinander zu lernen und gemeinsame Strategien zur inklusiven Digitalisierung zu entwickeln und umzusetzen.

Lernende Organisation gelten als lernend, wenn sie aus Erfahrungen systematisch Konsequenzen ziehen, Feedback aktiv nutzen und Strukturen regelmäßig weiterentwickeln. Inklusive Organisationen verstehen Veränderung als kontinuierlichen Prozess.

Monitoring bezeichnet die fortlaufende Beobachtung und Bewertung von Maßnahmen, Zielen oder Prozessen innerhalb einer Organisation. Inklusionsorientiertes Monitoring fragt nicht nur nach Effizienz, sondern nach Zugang, Teilhabe und Wirkung.

Nachhaltigkeit Im Kontext intelligenter Inklusion bedeutet Nachhaltigkeit, dass inklusive Praktiken dauerhaft in der Organisation verankert werden. Dazu gehören strategische Planung, Ressourcenbindung, Wirkungskontrolle und die Bereitschaft zur Weiterentwicklung.

Partizipative Prozessgestaltung bezeichnet die aktive Mitwirkung betroffener Personen an der Entwicklung, Umsetzung und Bewertung organisationaler Prozesse. Sie stärkt Relevanz, Passung und Legitimität, insbesondere bei digitalen oder technikgestützten Veränderungen.

Psychologische Sicherheit Ein Zustand innerhalb von Teams oder Organisationen, in dem sich Menschen trauen, ihre Meinung zu sagen, Fragen zu stellen und Fehler zuzugeben, ohne negative Konsequenzen befürchten zu müssen. Psychologische Sicherheit ist eine Voraussetzung für gelingende Inklusion.

Repräsentation bezieht sich auf die Sichtbarkeit und Einflussmöglichkeiten verschiedener Gruppen in Entscheidungs- und Entwicklungsprozessen. Inklusive Organisationen achten darauf, dass Perspektiven von Menschen mit Behinderungen aktiv eingebunden werden.

Steuerungskreis Ein strukturell verankertes Gremium innerhalb einer Organisation, das für die Umsetzung und Begleitung von Inklusionsstrategien verantwortlich ist. Es bündelt Perspektiven, koordiniert Maßnahmen und sichert Kontinuität.

Teilhabe bezeichnet die Möglichkeit, in vollem Umfang an allen Bereichen des gesellschaftlichen Lebens mitzuwirken und diese mitzugestalten. Sie umfasst den Zugang zu Bildung, Arbeit, Kultur und politischen Prozessen.

Tokenism bezeichnet die symbolische Einbindung einzelner Personen aus marginalisierten Gruppen ohne tatsächliche Entscheidungsmacht. Es wird kritisiert, weil es Vielfalt vortäuscht, ohne strukturelle Veränderungen herbeizuführen.

Verstetigung meint den Übergang von zeitlich begrenzten Projekten in dauerhafte Strukturen. Eine Maßnahme gilt als verstetigt, wenn sie Teil des regulären Handelns einer Organisation wird, mit gesicherter Verantwortung und Ressourcenbindung.

Zielvereinbarung Ein strukturiertes Instrument zur verbindlichen Festlegung von Zielen innerhalb einer Organisation. In inklusiven Kontexten ermöglichen Zielvereinbarungen klare Orientierung, Rechenschaft und Evaluierbarkeit im Prozess der Veränderung.

Weiterführende Literatur

Ahrens P et al (2015) Inklusion – Wege in die Teilhabegesellschaft. Campus Verlag, Frankfurt am Main, Heinrich-Böll-Stiftung

Boger MA (2019) Theorien der Inklusion – Die Theorie der trilemmatischen Inklusion zum Mitdenken. edition assemblage, Münster

Bosse I, Schluchter JR, Zorn I (2019) Handbuch Inklusion und Medienbildung. Beltz Juventa, Weinheim

Dörner A (2022) Inklusive Organisationsentwicklung: Strukturen gestalten – Haltung fördern – Wandel ermöglichen. Beltz Juventa, Weinheim

Görz G, Schneeberger J, Schmid U (2013) Handbuch der Künstlichen Intelligenz, 5. Aufl. Oldenbourg Wissenschaftsverlag, München

Hansen H, Hessel S (2023) Digitale Transformation und Inklusion. Springer VS, Wiesbaden

Jordana L, Maisel JL, Steinfeld E, Basnak M, Korydon S, Tauke MB (2017) Inclusive design: Implementation and evaluation. Routledge, London

Ladau E (2021) Demystifying disability: What to know, what to say, and how to be an ally. Ten Speed Press, Emeryville, CA

Lenzen M (2024) Künstliche Intelligenz: Fakten, Chancen, Risiken. Beck'sche Reihe. CH Beck, München

McDavid J (2025) ALL INCLUSIVE – Wie wir Job und Alltag barrierefrei machen. Haufe, Freiburg

Moser D (2021) Teilhabe und Digitalisierung: Inklusive Organisationen gestalten. Beltz Juventa, Weinheim

O'Neil C (2016) Weapons of math destruction – How big data increases inequality and threatens democracy. Penguin, München

Pech R, Hellberg F (2022) Führen in der digitalen Transformation: Haltung, Kultur und Zusammenarbeit neu denken. Schäffer-Poeschel, Stuttgart

Ravneberg B, Söderström S (2017) Disability, society and assistive technology (Interdisciplinary disability studies) Routledge, London

Schäfers B (2020) Gegenwart und Zukunft sozialer Ungleichheit. Springer VS, Wiesbaden

© Der/die Herausgeber bzw. der/die Autor(en), exklusiv lizenziert an Springer-Verlag GmbH, DE, ein Teil von Springer Nature 2025
A. Lübken und D. Wiemer, *KI-Führungskultur und Prozessmanagement,* essentials, https://doi.org/10.1007/978-3-662-72356-2

Schäfers M, Welti F (2015) Barrierefreiheit – Zugänglichkeit – Universelles Design. Theoriebildung und Praxis. Verlag Julius Klinkhardt, Heilbrunn, Herausforderung Inklusion

Shneiderman B (2022) Human-Centered AI. Oxford University Press, Oxford

Sihn-Weber A (2021) CSR und Inklusion – Bessere Unternehmensperformance durch gelebte Teilhabe und Wirksamkeit. Springer Gabler, Wiesbaden

Strümke I (2024) Künstliche Intelligenz: Wie sie funktioniert und was sie für uns bedeutet. Fischer Verlag, Frankfurt am Main

Suleyman M (2024) The coming wave: Künstliche Intelligenz, Macht und das größte Dilemma des 21. Jahrhunderts. CH Beck, München

Weiß Y (2021) Digitale Transformation im Unternehmen erfolgreich gestalten. Springer Gabler, Wiesbaden

<u>GPSR Compliance</u>

The European Union's (EU) General Product Safety Regulation (GPSR) is a set of rules that requires consumer products to be safe and our obligations to ensure this.

If you have any concerns about our products, you can contact us on ProductSafety@springernature.com

In case Publisher is established outside the EU, the EU authorized representative is:

Springer Nature Customer Service Center GmbH
Europaplatz 3
69115 Heidelberg, Germany

Batch number: 09334963

Printed by Printforce, the Netherlands